Der
romantische Garten

Graham Rose

Der romantische Garten

Mit mehr als 250 farbigen Fotos
Ideen, Pläne, Bepflanzungsideen, Anleitungen

Mosaik Verlag

Titel der Originalausgabe: The Romantic Garden
Aus dem Englischen übertragen von Annette Roellenbleck
Zeichnungen: Paul Cox
Gartenpläne: Robin Williams
Redaktion der deutschen Ausgabe: Martina Reigl
Einbandgestaltung: Karoline Droege

Redaktion der Originalausgabe: Sarah Mitchell
Gestaltung: Louis Tucker, Caroline Hillier
Bildbeschaffung: Anne Fraser

Alle Informationen zu Pflanzenarten und -sorten in diesem Buch
werden nach bestem Wissen und Gewissen gegeben.
Es kann jedoch keine Garantie übernommen werden,
daß sämtliche Sorten bei Bezugsquellen in Deutschland erhältlich sind.

Der Mosaik Verlag ist ein Unternehmen der Verlagsgruppe Bertelsmann

Inhalt

Vorwort

Fordern Sie eine Reihe verschiedener Leute auf, sich gemütlich in den Sessel zu setzen, die Augen zu schließen und sich ihr Ideal von einem Garten vorzustellen – ich glaube, sie werden alle etwas Ähnliches vor Augen sehen: ein laubiges Paradies mit einem Linienspiel feiner Zweige und Blätter vor blauem Himmel oder einen Rahmen für schöne Durchblicke auf hellere Bezirke des Gartens. Sie werden auch an auffallende, ausdrucksvolle Formen denken, die das Bild interessant und abwechslungsreich machen. Dieses soll farbig und voller Blumen, jedoch in Pastelltönen gehalten und fein abgestimmt sein, und nur hier und da mag eine mit Bedacht gesetzte lebhaftere Stelle den Blick auf sich ziehen.

Der Garten soll eine Stimmung verzauberter, duftender Stille schaffen und eine Wohltat für den von den Anstrengungen und Aufregungen des täglichen Lebens Geplagten sein. Er soll ein beruhigendes Gefühl der Abgeschiedenheit geben und hinter reizvollen Wänden immer neue geheimnisvolle Plätze ahnen lassen, gleichzeitig aber mit Ausblicken voller Zauber den Geist in die Weite führen.

Erinnerungen an frühere, bessere Zeiten sind willkommen, wie sie dem Wanderer in Resten überwucherter Wege und verfallener Gebäude, in alten Verzierungen und Standbildern begegnen. Altes Gemäuer ist ein wunderbarer Hintergrund für Blüten und Laub und schafft Nischen für stille Rastplätze, die zur Betrachtung einladen.

Kein Paradies ist vollkommen ohne lebenspendendes Wasser: als rauschender Bach oder plätschernder Brunnen, in stillen Becken oder Teichen, wo sich der Himmel und die Vegetation rings umher spiegeln, oder in der kühlen Feuchte farnumkränzter Grotten, Orten geheimnisvoller, erregender Schauer.

Kurz, ich bin überzeugt, daß die meisten Menschen am liebsten in einer höchst romantischen Umgebung wohnen würden. Dieses Buch versucht, Ihnen zu zeigen, wie sich dieser Wunsch verwirklichen läßt. Viele Leute haben mir dabei geholfen. Mein besonderer Dank gilt Paul Cox für die prachtvolle Kunst, mit der er das, was im Text beschrieben ist, in Bilder umgesetzt hat, und Sarah Mitchell, Louise Tucker und Caroline Hillier für ihre großartige Arbeit bei der Gestaltung des Buchs. Danken möchte ich auch Susan Berry, die die Idee dazu gehabt hat.

Dankbar bin ich ferner Robin Williams für seine klaren Pläne der schönen romantischen Gärten, deren Eigentümer und Planer – Arabella Lennox-Boyd, John und Roger Last, John Codrington, Herr und Frau Levitan, Herr R.J. Dykes und Herr und Frau Canneman-Philipse – die Abbildung freundlich gestattet haben.

Nützliche Vorschläge und guten Rat habe ich während der Vorbereitung dieses Buches von vielen Freunden erhalten, vor allem von Richard und Imogen Carter Jonas, Elisabeth Goldbach, Peter King, Rosemary Verey, France Phillips, Alain und Aline de la Prunarede, Elizabeth McLean, Dorothy Sheffield, und von meiner Frau. Zum Schluß geht mein Dank an Jeanette Lazell für alle ihre Hilfe bei der Erstellung des Manuskripts.

Einführung in den romantischen Garten

Das Adjektiv »romantisch« wird oft gebraucht, um Kunstwerke einer besonderen Art, wie auch des in diesem Buch vorgestellten Gartentyps, zu beschreiben. Abgeleitet wird es von dem Wort »Romanze« – ursprünglich einer mittelalterlichen Rittererzählung mit Szenen und Geschichten fern von dem gewöhnlichen Leben. Doch es gibt auch noch eine andere Erklärung, nämlich die, daß einer, der Romane erzählt – das Wort hat dieselbe Wurzel –, definiert werden kann als jemand, »der es mit versponnenen Erfindungen zu tun hat, ein phantasievoller Lügner.« Und genau das ist es, was viele große Gartenarchitekten sind: wahrhaft begabte Leute, die uns die Außenwelt vergessen lassen wollen. Die Besten unter ihnen können einen armseligen Hinterhof nehmen und uns dort mit raffinierter Gestaltung und Bepflanzung auf einem verzauberten Pfad in ein idyllisches Stück Arkadien führen, wo wir die Häßlichkeit unserer Umgebung und den Lärm der Nachbarn und der auf den Straßen hinter der Mauer dahindonnernden Laster nicht mehr wahrnehmen.

Genau diese Fähigkeit, die Vernunft auszuschalten und unmittelbar die Sinne anzusprechen, begeistert die Besucher schöner Gärten, ganz gleich, wie groß und in welchem Stil diese gehalten sind. Selbst in den großen und streng gestalteten Gärten gibt es häufig kleine romantische Ecken, die uns unendlich entzücken und in denen wir die mathematische Präzision des Gesamtplans vergessen. Das sind die Ecken, in denen die Pflanzen wie zufällig gesetzt wirken und ungehindert wachsen und blühen können. Freilich verbirgt sich hinter dieser scheinbaren Zufälligkeit große und echte Gartenkunst. Aber es ist das sicher ein Stil, in dem die meisten von uns am liebsten leben würden, und es ist ein Stil, den nachzuahmen wir leicht selber lernen können.

DIE ROMANTISCHE LANDSCHAFT

Es mag seltsam erscheinen, daß romantische Gartenplanung, die, seit sie sich vor drei Jahrhunderten entwickelt hat, immer beliebt geblieben ist, erst so spät in der sechstausendjährigen Geschichte der Lustgärten aufgetaucht ist. In der längsten Zeit jedoch wurden die Künstler – und damit auch die Gartenarchitekten – von mächtigen Fürsten in Staat und Kirche unterhalten, die Arbeiten von ihnen verlangten, welche vor dem Volk ihre Herrschaft zum Ausdruck bringen oder ihren Glauben verdeutlichen sollten. In Architektur und Landschaftsgestaltung paßte eine starre Formensprache zu diesem Zweck am besten. Die Maler wurden bevorzugt, die feste Schemata für ihre Gemälde wählten, wo alle Figuren klar zu erkennen waren. Beizeiten wurde den Künstlern jedoch auch, etwa dank einer aufstrebenden Kaufmannsschicht mit anderem Geschmack, größere Freiheit gelassen.

Im 17. Jahrhundert spiegelten drei große Maler, die in Rom und Neapel arbeiteten, die Denkweisen vieler ihrer Künstlerkollegen wider. Claude Lorrain, Gaspard Poussin (Gaspard Dughet) und Salvator Rosa fuhren zwar sämtlich mit der Darstellung der gewohnten Themen, Erzählungen,

Diese eng bepflanzte Buchenallee, die auf eine Phönixstatue zuläuft, faßt die romantische Gartenkunst großen Stils zusammen und schafft eine Atmosphäre fern von der Alltagswelt. Die zum Himmel strebenden Baumstämme mit ihren baldachinartigen Kronen kontrastieren geheimnisvoll mit ihrem gedämpften Licht zu der Helligkeit der dahinterliegenden Lichtung. Wer einen romantischen Garten plant, kann diese Licht- und Schatteneffekte auch auf kleinerem Raum schaffen.

Mythen und Allegorien des Altertums fort; indes war für sie die Szenerie wichtiger als die erzählte Geschichte. Das Hauptthema wurde oft zu einer Figurengruppe verkleinert, die nur einen winzigen Platz auf einem gewaltigen Gemälde einnahm, das sonst eine weite Landschaft zeigte. Und in diesen Landschaften können wir den Keim der Bewegung entdecken, die zu einer Weiterentwicklung in vielen Künsten, die Gartenkunst eingeschlossen, geführt hat.

Denn obgleich ihre Landschaften auf den ersten Blick ganz »natürlich« erscheinen, waren sie in Wahrheit auf das höchste romantisiert – wirklich phantasievolle Lügen. Obgleich Elemente des Dargestellten mit der Topographie der Gegend um Rom und Neapel, in der die Künstler umherzustreifen pflegten, übereinstimmen, kann keines von ihnen von einem einzigen Blickpunkt aus tatsächlich so wahrgenommen werden, wie sie es gemalt haben. Die Maler wählten die wirkungsvollsten Elemente aus und faßten sie zusammen, indem sie hier die Neigung eines Abhangs änderten, dort das Profil eines Hügels, oder ihn mit der Ruine eines Tempels krönten, wenn die Komposition nach einem Blickfang verlangte. Und sie bildeten gewöhnliche Leute wie Bauern, Schäfer, Waldarbeiter und Schweinehirten bei ihrer Arbeit in liebenswürdiger Idealisierung ab.

RECHTS: *Ein stürzender Bach, vom Sturm geknickte Bäume, zerfallenes Mauerwerk und schreckenerregende Felsspalten beherrschen diese großartige* Landschaft mit Brücke *von Salvator Rosa. Die Romantik der Landschaft nimmt einen so gefangen, daß Reiter und Fußgänger nur eine unbedeutende Rolle spielen. Das Gemälde ist stilistisch weit von der strengen Manier der frühen Renaissancemalerei entfernt, und es ist eines der frühesten Beispiele der romantischen Bewegung, die Landschaftsgärtner wie William Kent dazu inspirierten, über eine neue Art der Gartenplanung nachzudenken.*

Der englische Kunsthistoriker Sir Kenneth Clark beschrieb Gemälde dieser Künstler als »Darstellungen des am tiefsten verzaubernden Traums, der je die Menschheit getröstet hat, des Mythos' vom Goldenen Zeitalter, in dem der Mensch von den Früchten der Erde lebte, friedvoll, fromm und in urzeitlicher Einfachheit – des Traums von einem irdischen Paradies..., von der Harmonie zwischen Mensch und Natur.«

Das ist sicherlich eine Vision, wie sie der junge englische Maler und Landschaftsarchitekt William Kent in sich trug, ein großer Bewunderer von Claude, Poussin und Rosa. In Rousham bei Oxford erhielt er zwischen 1720 und 1725 die Gelegenheit, einen Garten ganz nach seinem eigenen Geschmack zu planen, einen Garten, den man heute noch besuchen kann. Ein Teil dieses Gartens, *Venuslichtung* genannt, ist dicht von Eiben beschattet und enthält einen kleinen Teich, der in einen Bach übergeht. Diese Lichtung ist der Inbegriff des Romantischen und stellt eines der besten Beispiele eines Gartens in diesem Stil dar.

Selbst an sonnigen Tagen ist das Licht unter den Eiben von stillem, kühlendem Grün. Zum Bach hin werden die Kronen lichter, und wenn die Sonne hoch am Himmel steht, dringen einzelne kräftige Strahlen hindurch und lassen hier und da feingeschwungene Farnwedel hervortreten. Libellen, angezogen vom Glanz und vom Rauschen des Bachs, scheinen für Augenblicke wie gebannt in der Luft zu stehen, und ihre vibrierenden Flügel versprühen ein Kaleidoskop verschiedenster Farben. Sie gleichen dann Blüten stengelloser exotischer Pflanzen. Die Atmosphäre in dieser Lichtung ist so fern von der Alltagswelt, daß einem, betritt man sie von der sonnenüberfluteten Rasenfläche her, ein merkwürdiger Schauer über den Rücken läuft. Dies ist die Wirkung auf alle Sinne, die Kent und seine Nachfolger erzielen wollten, und die kein strenger Renaissancegarten mit seinen Terrassen und Skulpturen geben konnte.

Es hat nicht lange gedauert, bis sich Künstler von ganz verschiedener Art Kents Abkehr von dem trockenen Klassizismus vorangegangener Epochen anschlossen. Selbst der Hochadel, dessen Leben in den strengen Bahnen klassizistischer Pracht ablief, wurde offenbar von dem Traum eines freieren Daseins berührt. Nach ihrer Hochzeit mit dem späteren Ludwig XVI. litt Marie-Antoinette bald unter dem drückenden Einerlei des Hoflebens von Versailles. So ließ sie sich bei dem Kleinen Trianon ein höchst romantisches Bauernhaus und eine Wassermühle errichten, die noch heute die Besucher des Schloßparks anziehen. Dort konnten sie und ihre Höflinge das idyllische einfache Leben spielen. Natürlich war das alles wieder »versponnene Phantasie«. Die Kühe, die sie molken, waren zwar echt, aber ihr Leben

UNTEN: *Marie-Antoinettes Hameau in Versailles war eine romantische Idylle – eine idealisierte Version des ländlichen Lebens, in die sie sich gern vom steifen Hofzeremoniell zurückgezogen hat. Die Liebe zum Detail, wie man sie an den Gebäuden und der Miniaturlandschaft um das Petit Trianon erkennt, zeigt, wie stark die romantische Bewegung im 18. Jahrhundert empfunden wurde.*

LINKS: *Diese wunderbare, kaum gebändigte Pflanzenfülle, die über den Weg zwischen den Beeten quillt, ist ein schönes Beispiel für romantische Bepflanzung.*

UNTEN: *Üppige Bepflanzung und sorgfältige Auswahl schöner Materialien und Kunstgegenstände haben diesen winzigen Dachgarten in einen geheimnisvollen romantischen Zufluchtsort verwandelt.*

hatte nichts zu tun mit der Härte der bäuerlichen Existenz der damaligen Zeit.

DER REIZ DES ROMANTISCHEN GARTENS

Die romantische Bewegung hat in Kunst und Landschaftsgestaltung ihren stärksten Anstoß zu einer Zeit erhalten, als man anfing, die Folgen der industriellen Revolution zu begreifen – immer mehr Menschen lebten in lauten, überfüllten und ungesunden Städten, beherrscht von ununterbrochen arbeitenden Maschinen. Aber wenn sich die Bedingungen heute auch wesentlich geändert ha-

ben mögen, so ist das Leben in der sogenannten »postindustriellen« Gesellschaft doch immer noch von Konkurrenzkämpfen und anderen Spannungen bestimmt. Eine romantische Haltung kann hier eine Möglichkeit bieten, in den Mußestunden dem Streß des täglichen Lebens zu entfliehen.

Wie viele neuartige Ideen sich auf dem Gebiet der Gartengestaltung seit der Entstehung der romantischen Landschaft auch entwickelt haben mögen, die romantischen Gärten haben kontinuierlich eine starke Anziehungskraft auf Hauseigentümer ausgeübt. Ihre unvergängliche Beliebtheit hängt wahrscheinlich damit zusammen, daß sie nach wie vor Ablenkung von den Sorgen des täglichen Lebens zu geben vermögen. Und je mehr das Tempo des Lebens zunimmt, um so beliebter scheinen auch die romantischen Gärten zu werden.

Elemente des Romantischen

Dieses Buch soll Gärtner inspirieren und sie anleiten, wie man Gärten schafft, die alle Sinne ansprechen – duftende, optisch ungewöhnliche, schöne Plätze, die die Geräusche von draußen verstummen lassen und die Lebensgeister beruhigen; Gärten, die mehr das Gefühl als den Verstand ansprechen.

Um zu gelingen, müssen romantische Gärten gewisse Bedingungen erfüllen, unabhängig von ihrer Größe und den Elementen, aus denen sie bestehen. Sie müssen vor allem von der Alltagswelt abgeschlossene Plätze sein. Um dieses Gefühl der Abgeschiedenheit zu erzeugen, muß man den Garten gründlich durchplanen. Falls Pflaster verwendet werden soll, darf es auf keinen Fall an gewöhnliches Straßenpflaster erinnern. In der Stadt müssen die Einfriedungen des Gartens alle anderen Gebäude des Viertels verdecken. Auf dem Land dagegen sind idealisierte Ansichten schöner Landschaften mit Durchblicken auf Kirchtürme, saubere Flüsse oder dichtes Waldland erlaubt. Innerhalb der Gartengrenzen sollte man niemals sämtliche Bereiche von einem Blickpunkt aus

sehen können. Selbst in kleinen Gärten sollte es versteckte Ecken geben, von denen aus man das Haus nicht sehen kann. Wenn man überlegt plant und Sichtschutzwände und dergleichen geschickt plaziert, läßt sich dieses Gefühl der Abgeschiedenheit ohne große Schwierigkeit erzeugen. Gute romantische Gärten sollen unsere Phantasie in einer Weise beflügeln, daß sie uns wohltuend von unseren Alltagssorgen ablenken.

Auch sollen die Vielfalt und der üppige Wuchs der Pflanzen in einem solchen Garten ein herzerfrischendes Bild der Gaben der Natur bieten. Ein romantischer Garten soll daran erinnern, daß es noch andere Welten und Lebensstile gibt als die Betonwüsten und den Zwang der Uhr, nach dem viele von uns leben müssen. Nicht nur unsere täglichen Frustrationen sollen romantische Gärten vertreiben, sondern uns auch zu tieferer Kontemplation anregen – oder sogar in eine heilsame Melancholie versetzen. In manchen Gegenden kann das Nebeneinander von wuchernden Pflanzen und scheinbar altem Mauerwerk oder einer Statue nostalgische Erinnerungen an eine idealisierte Vergangenheit hervorrufen. Indes, wenn mit dem romantischen Garten eine Phantasiewelt geschaffen werden soll, so sollte ihm dennoch eine gewisse Heiterkeit oder Ironie nicht fehlen. Der Garten kann amüsante und überraschende *trompe l'oeil*-Effekte – raffinierte optische Illusionen – oder einfach reizvolle Figuren enthalten, auf die man durch Zufall stößt und die überraschen oder ein Lächeln hervorrufen können.

INSPIRIERENDE GÄRTEN

Gelegenheiten, den Reiz der Gartenromantik zu genießen, gibt es fast überall. Besonders ausgeprägt findet man ihn in vielen großen Waldgärten, wo dicht und spärlich bepflanzte Zonen aneinanderstoßen, besonders, wenn sie noch frei gestaltete Wasserelemente enthalten. Aber auch die weniger streng gestalteten Bereiche in Gärten, die vor allem wegen ihrer formalen Elemente berühmt sind, haben einen starken Reiz auf mich ausgeübt. Bei-

spiele dafür sind sicherlich der wildere, niedriger gelegene Teil des bezaubernden kleinen Bartram-Gartens im amerikanischen Philadelphia oder das am See gelegene Arnold Arboretum in der gleichen Stadt. Die von Rauch geschwärzten Ruinen, die die riesige Wisteria in Nymans (Sussex) stützen, wären ein passender Hintergrund für jede romantische Phantasie, ebenso wie die von Azaleen gesäumten Stufen am Rande des Glen in Glenveagh in Irland.

Glücklicherweise lassen sich romantische Effekte genauso gut in winzigen Gärten wie in weitläufigen Parks erzielen. Ich habe Höfe von weniger als 20 qm Fläche mitten in hektischen Städten wie London, Paris und New York gesehen, in denen ein Moment des Geheimnisvollen ebenso deutlich zu spüren war wie in den schönsten romantischen Gemälden.

In nördlicheren Gegenden mit gemäßigtem Klima wird die romantische Tradition meist mit Gärten verbunden, in denen tiefe Schatten, dunkles, immergrünes Blattwerk und mit altem Efeu bewachsene Bäume vorherrschen. Romantische Gärten müssen aber nicht auf bestimmte Gegenden oder Klimaten beschränkt sein. Es gibt wundervolle romantische Stellen in den Gartenanlagen der Huntingdon Collection bei Los Angeles, aus denen die Außenwelt völlig verbannt zu sein scheint. Und wenn man unter den von Rosen überwucherten Pergolen entlangschlendert, die die Wege in La Mortola bei Ventimiglia an der italienischen Riviera beschatten, kann man sich kaum vorstellen, daß die wirbelnden Drehscheiben der Roulettes von Monte Carlo weniger als eine halbe Stunde Autofahrt entfernt sind.

Viele mögen den Garten in Le Colombier bei Villadonnel im Süden Frankreichs verwildert nennen. Aber für jeden, der nur etwas Gefühl besitzt, ist dieser Garten ein Paradies. Die klassischen kletternden und wuchernden Rosen, schon lange von den Fesseln ihrer verrostenden eisernen Obelisken befreit, kämpfen mit der Fülle ihrer verschlungenen Zweige und ihren intensiv duftenden, dicken Blüten um unsere Bewunderung. An

RECHTS: *Diese prachtvoll romantische Treppenflucht in La Mortola in Italien zeigt, wie schön solche Elemente aussehen, wenn sie nicht zu sehr gepflegt sind. Pflanzen, die sich von selbst in den Spalten des Steinpflasters eingenistet haben und ungehindert wachsen dürfen, wirken sehr reizvoll.*

anderer Stelle lassen die Sophora-Bäume ihre weißen Blüten in lockeren Rispen in den Schatten der Schirmkiefern hängen. Im Herbst scheint es fast ein Verbrechen, hier umherzuwandern, da man fürchten muß, die Tausende wundervoller winziger *Cyclamen neapolitanum* zu zertreten. Sie breiten sich in großen rosafarbenen Flecken am Fuße der Bäume aus, wo einst ein kurzgeschorener Rasen war, der inzwischen wieder zu einer zauberhaften Wiese geworden ist.

Sehr oft entstehen besonders romantische Effekt erste durch Zufall, wenn Zeit und Natur umgestaltet haben, was einst nach formalen Schemata angelegt war. In Dromoland Castle in Irland etwa kann man zwischen Schößlingen von Sykomoren, die dicht wie Nesseln aus der Erde kommen, Reste eines Teiches mit gemeißelten Steinumrandungen entdecken. Und die Überraschung gehört dazu, denn, wie Oscar Wilde sagt, »Das Wesen des Romantischen ist Ungewißheit«.

Der Garten als Zufluchtsort

Vielleicht der wichtigste Aspekt eines romantischen Gartens besteht darin, dem Menschen das starke Gefühl eines Zufluchtsorts zu geben. In einem ruhigen Hafen mit einer geheimnisvollen Atmosphäre inmitten all der Pracht, die die Natur für uns bereithält, soll man den Alltag hinter sich lassen können. Um sich aus den täglichen Sorgen in diese einladende Welt versetzen zu können, muß man beim Entwerfen eines eigenen romantischen Gartens zu allererst daran denken, Abgeschiedenheit zu erreichen. Der Garten muß ein völlig abgeschlossener Ort sein, der keinem ungebetenen Gast seine Geheimnisse preisgibt.

ABGRENZUNG VON DER AUSSENWELT

Wenn die Außenwelt verbannt werden soll, dann muß die Einfassung des Gartens so effektiv wie möglich sein. Die Schutzwand läßt die Welt draußen verschwinden und das Gefühl eines Zufluchtsorts entstehen, da Beobachtung von außen verhindert und die Welt drinnen bestimmend wird. Am überzeugendsten gelingt dies in Gärten, die von hohen alten Mauern umgeben sind. Allerdings werden nur wenige Glückliche einen Garten haben, der ihnen sofort das Gefühl von unwandelbarer Ruhe und Sicherheit gibt – ein Gefühl, das nur verwitterte Ziegel- oder Steinmauern vermitteln können. Die meisten von uns müssen sich aber mit dem Problem beschäftigen, wie es ihnen gelingen könnte, auf einem moderneren Stückchen Erde, von dem sich die Außenwelt nur schwer ausschließen läßt, das gleiche Gefühl hervorzurufen.

Mauern

Die befriedigendste Art und Weise, einen Garten abzuschließen, besteht zweifellos darin, ihn mit einer Stein- oder Ziegelmauer zu umgeben. Sie bildet eine wirksame, undurchdringliche Schutzwand, die jedes Geräusch abdämpft und eben jene private Atmosphäre gewährleistet, die hier wesentlich ist. Vorausgesetzt, man ist sich darüber im klaren, daß hohe Mauern Windkanal-Effekte hervorrufen können und daß der Boden darunter möglicherweise stark alkalisch und mit ziemlicher Sicherheit sehr trocken ist, kann man aus diesen Gegebenheiten auch seine Vorteile ziehen. Mauern können dazu dienen, die empfindlicheren und ausgefalleneren Pflanzen zu schützen, die so viel zu dem Reiz eines üppig bewachsenen Gartens beitragen. Vielleicht hat man die Möglichkeit, exotische Pflanzen zu ziehen wie *Abutilon vitifolium* mit mauvefarbenen Blüten und flaumigen Blättern, *Azara microphylla*, die schöne, empfindliche, gelbe Banks-Rose, *Clianthus puniceus* mit seinen scharlachroten Trauben aus papageienschnabelförmigen Blüten und *Fremontodendron californicum*, das den ganzen Sommer lang mit prächtigen gelben Blüten behangen ist.

Die beste Mauer für einen Garten besteht aus unregelmäßig geformten Steinen in gedämpften Farbtönen, möglichst mit Kletterpflanzen bewachsen. Zweifellos ist es in manchen Gegenden schwer, fähige Handwerker und gutes Material zu finden, und wenn man sie findet, werden die Kosten hoch sein. Aber es lohnt sich, sich eine solche Mauer bauen zu lassen und dafür auf ande-

Eine sorgfältige Kombination von natürlichen Pflanzen und künstlich geschaffenen Grenzen kann jeden Garten in einen privaten Zufluchtsort verwandeln. Eine kräftige Kletterpflanze wie Actinidia kolomikta braucht nicht viel Zeit, um das durch eine massive Steinmauer hervorgerufene Gefühl der Abgeschiedenheit auf reizvolle Weise zu verstärken. Wenn sie die Mauerkrönung erreicht hat, neigen sich ihre schlanken Stengel wieder zum Boden und bilden ein lockeres leichtes Blätterdach, das zusätzlich das Gefühl behaglichen Umschlossenseins über einem Sitzplatz vermittelt. Durch hohe Pflanzen wie die Wolfsmilch, die hier die Gartenbank einrahmt, wird dieses Gefühl noch lebendiger.

ren Luxus zu verzichten, wenn man mit ihr die ersehnte private Atmosphäre schaffen kann.

Mehr streng gestaltete Mauern aus behauenen Steinen können auch sehr romantisch wirken, wenn sie Zeit gehabt haben, eine Patina aus Moos und Flechten zu bilden. Da das Behauen der Steine eine Arbeit für Fachleute ist, sind solche Mauern normalerweise teurer als solche aus Feldsteinen.

Ein Großteil des Reizes, den echte Steinmauern haben, kann mit weniger Kosten erreicht werden, wenn die Mauern aus Kunststein auf Zementbasis errichtet werden. Sie verwittern zwar niemals so eindrucksvoll, aber die modernen Herstellungsverfahren lassen sie recht akzeptabel aussehen. Solche Steinblöcke sind normalerweise mit glatter oder mit mehr rustikaler, gemeißelter Oberfläche zu haben. Die besseren Hersteller garantieren, daß jeder ausgelieferte Satz Steine eine gute Auswahl unterschiedlicher Formen enthält, so daß die fertige Mauer nicht zu eintönig wirkt. Auf keinen Fall sollte man vorfabrizierte Blöcke verwenden, die ein komplettes Mauerstück imitieren – es ist unmöglich, sie natürlich erscheinen zu lassen, und sie verwittern und altern nur in ganz unbefriedigender Weise.

Bei einer fertigen Steinmauer sollte der Mörtel tiefer liegen als die Oberfläche der Steine, weil sie so sofort alt wirkt. Zwischen den Steinen sollten Taschen gelassen werden, in die kriechende Pflanzen gesetzt werden können. So ergibt sich eine reizvolle Kombination von Blatt- und Mauerwerk, die passender und weicher wirkt als eine glatte vertikale Oberfläche.

Sehr reizvoll können auch Mauern aus großen Kieselsteinen sein. Wenn man sie mit Mörtel verbindet, ergeben sich zwischen den Steinen wegen ihrer runden Oberflächen viele Taschen zum Bepflanzen. Um zu verhindern, daß zuviel Mörtel der Witterung ausgesetzt ist, kann man aber auch Seemuscheln oder Terrakottastücke in freien Mustern in den Mörtel drücken, bevor er getrocknet ist.

Auch die besten Ziegelsteine brauche viele Jahre, um ein altertümliches Aussehen zu entwickeln.

Der schwunghafte Handel mit Abbruchmaterial macht die Suche nach schönen Steinen heute allerdings leichter als früher. Manche von den schönsten naturfarbenen, weicheren Backsteinen können im Laufe der Jahre an Festigkeit eingebüßt haben. Um diesem Problem aus dem Weg zu gehen, kann man dort, wo genügend Platz ist, Stützpfeiler in die Mauer einbeziehen. Wenn niemand etwas gegen eine eher unschöne Außenseite der Mauer hat, ist es weitaus billiger, sie aus einfachen Betonblöcken zu konstruieren und diese nur auf der Innenseite mit alten Ziegelsteinen zu verkleiden. Wenn die Fugen sorgfältig gearbeitet werden, dann wirkt die Mauer vom Garten aus genauso schön gealtert wie eine, die schon seit einem Jahrhundert und mehr dort hätte stehen können.

Zäune

Wenn Sie sich keine hohen Mauern um Ihren Garten leisten können, müssen Sie zwischen den vielen möglichen Zauntypen auswählen. Der am natürlichsten wirkende Zaun besteht aus einfachen Brettern, die einander überlappen und an starken Pfosten befestigt sind. Sie zu finden, ist mitunter sehr schwierig, aber man kann sie öfter in Sägemühlen bekommen. Je nachdem wie rustikal der Zaun aussehen soll, können sie gespaltene Baumstämme mit Rinde und glatt abgeschnittenen Ästen oder roh zugeschnittene Bretter ohne Rinde nehmen, die etwas feiner wirken und in einem passenden sanften Farbton gebeizt werden können.

Betonpfosten, die außen am Zaun angebracht werden und vom Garten aus nicht sichtbar sind,

ZAUN AUS BAMBUSROHR
Die Lebensdauer eines Gartenzauns aus ganzen Bambusrohren kann man verlängern, indem man ihn doppelseitig ausführt.

EIN ZAUN AUS GESPALTENEN BAUMSTÄMMEN
Die Lebensdauer der Zäune aus gespaltenen Baumstämmen kann verlängert werden, wenn man sie an kräftigen Querbrettern befestigt, die von in den Boden eingelassenen Betonpfosten gehalten werden. Diese rosten nicht, und wenn die Baumstämme so angebracht werden, daß sie den Boden nicht berühren, kann der Zaun viele Jahre lang halten.

können fest einbetoniert und mit hölzernen Querverstrebungen verbunden werden und sind dann eine ausgezeichnete Stütze für Zaunbretter. Selbst wenn die Bretter in ein Holzschutzmittel eingetaucht oder unter Vakuum behandelt worden sind, halten Zäune dieses Typs allerdings nicht ewig; zehn Jahre oder länger sollten es aber schon sein – denn dann können sich an die Innenseite des Zauns gesetzte Kletterpflanzen kräftig genug entwickeln, um ihre Rolle als Sichtschutz zu übernehmen.

Wenn Sie nur auf die normalen Zaunbretter oder Paneele zurückgreifen können, die es überall zu kaufen gibt, sollten Sie sie beizen, um ihr rohes,

neues Aussehen etwas zu vertuschen, und sie mit einem Holzschutzmittel versehen, um ihre Haltbarkeit zu erhöhen. Damit die Kletterpflanzen besseren Halt bekommen und die Bretter möglichst schnell verdecken, ziehen Sie am besten Drähte, und wenn genug Platz zur Verfügung steht, bepflanzen Sie einen breiten Streifen vor dem Zaun mit Bäumen und Sträuchern.

Besonders schöne, viel leichter wirkende Zäune können entweder aus ganzen oder gespaltenen Bambusrohren oder aus einigen höheren Grasarten gefertigt werden. Ihre Haltbarkeit ist sehr unterschiedlich: Die Matten aus gespaltenen Gräsern verrotten sehr schnell und halten in windigen

OBEN: *Der Drahtzaun auf der rechten Seite bietet einen wunderbaren Halt für eine Fülle von Kletterrosen, die ihrerseits zusammen mit dem üppigen Beet aus krautartigen Pflanzen am Fuße des Zauns dessen häßliches Aussehen verbergen. Schnell wachsende immergrüne Pflanzen wie Efeu verdecken den Zaun bald vollständig.*

Stahlpfosten, bietet er schnell wachsenden immergrünen Pflanzen eine gute Stütze. Sehr starke Drahtnetze können in ähnlicher Weise verwendet werden. Pflanzen wie *Clematis armandii*, Efeuarten oder *Trachelospermum jasminoides* (in sonniger warmer Lage) überziehen den Zaun innerhalb von drei Jahren, wenn man darauf achtet, daß ihre zarten neuen Triebe nicht verletzt werden. Daher sollten die Pflanzen nicht direkt an den Zaun, sondern mit weichem Band oder Bast an Bambusrohre gebunden werden, welche mit Draht an dem Maschendraht oder Drahtnetz befestigt werden.

Ein schneller Sichtschutz läßt sich mit einer Kombination aus russischem Wein (*Polygonum baldschuanicum*) am Zaun und hohen, schnell wachsenden Gräsern davor erreichen. Versuchen Sie es mit *Miscanthus*- oder *Cortaderia*-Arten. Obwohl diese Gräser im Winter zurückfrieren, haben sie Stengel, die sogar den härtesten Frost überstehen und sich gut als deckender Sichtschutz eignen. Zu beachten ist dabei, daß sie recht schnell wachsen. In wärmeren, feuchteren Gegenden können einige größere Bambusarten – zum Beispiel *Pseudosasa japonica* – anstelle von Gräsern gepflanzt werden.

Hecken

Hohe, dichte Hecken aus immergrünen Sträuchern und Bäumen bieten einen wunderbaren Sichtschutz vor der Außenwelt und halten zudem Geräusche und Wind ab. Zedern, Stecheichen, Stechpalmen, Zypressen und sogar der gewöhnliche, aber herrlich schnellwachsende x *Cupressocyparis leylandii* können diesen Zweck erfüllen. Buchs und Eiben sind seit jeher wegen ihrer kleinen Blätter und ihrer dichten Struktur dazu verwendet worden, dicke Stützpfeiler und undurchdringliche Hecken zu bilden. Sie tragen viel zur friedlichen Atmosphäre vergangener Zeiten bei, die eines der wichtigsten Merkmale des romantischen Gartens ist.

Manche Laubbäume, wie zum Beispiel die Hainbuche (*Carpinus betulus*), wachsen schnell und können schon innerhalb von drei Jahren eine

Gegenden nur etwa zwei Jahre lang. Zaunmatten aus ungespaltenen Gräsern oder Bambus sind haltbarer, wobei ihre Lebensdauer größtenteils von ihrer Stärke und der Qualität der Verbindungsdrähte abhängt. Das Material sollte aber in jedem Fall fest gestützt werden. Grundsätzlich muß gesagt werden, daß Zäune aus solchem Material nur vorübergehend als Schutzwand dienen können und überhaupt nur an geschützten Stellen verwendet werden sollten.

Wenn man bereit ist, eine Einzäunung in Kauf zu nehmen, die die ersten Jahre nicht sehr attraktiv aussieht, bietet sich ein Maschendrahtzaun als sichere hohe Schutzwand an. Befestigt man ihn an beachtliche Hecke bilden. Außerdem behalten sie sogar im Winter ihre gebräunten Blätter und bieten so eine Art Laubdecke.

In der Regel benötigt eine Hecke bis zu fünf Jahren, um eine Höhe von 2 m zu erreichen. Deshalb wird manchmal eine künstliche Schutzwand notwendig sein.

Verbesserung der Einfriedung

Häufig wird der romantische Gärtner einen Garten übernehmen, dessen Einfriedung unvollständig ist; vielleicht ist sie verfallen, vielleicht liebten die früheren Besitzer den freien Blick und hatten gar nicht den Wunsch, ihn zu verdecken.

Ist der Garten von einer alten, aber niedrigen Mauer umgeben, kann man diese aufstocken und dadurch das Gefühl von Abgeschiedenheit erreichen. Eine schnelle Methode ist es, mit Schrauben und Dübeln starke Pfähle an der Außenwand anzubringen, die entweder Gitterpaneele oder Seilgeflechte halten, an denen Kletterpflanzen über die Mauer wachsen können.

Versuche, eine Einfassung zu ergänzen, indem man neues Mauerwerk mit altem verbindet, sind normalerweise selbst bei Beibehaltung des Mauertyps allzu offensichtlich. Oft besteht eine bessere Lösung darin, Material und Erscheinungsbild der Mauer zu verändern, indem man etwa Backsteine verwendet, um Löcher in einer Steinmauer auszufüllen, oder Steine, um eine Backsteinmauer zu schließen.

Bei Backsteinmauern läßt sich dieses Problem auch dadurch lösen, daß man möglichst schon gebrauchte passende Steine aussucht. Die Witterung muß dann immer noch ihr Teil dazutun, altes und neues Material einander anzugleichen. Wichtig ist auch, daß die alte Art der Schichtung und des Mörtels beibehalten wird, und es muß zudem darauf geachtet werden, daß die Mauerkappe zusammenpaßt. Der neue Mauerabschnitt kann mit Milch, Joghurt oder Kuhdung bestrichen werden, um die Entwicklung von Moos und Flechten zu beschleunigen. Auf diese Weise bekommt er in kurzer Zeit das gewünschte alte Aussehen.

DAS ÜBERSPIELEN DER GRENZEN

OBEN: *Geschickt plazierte und dicht gepflanzte Bäume und Sträucher sind hier dazu verwendet worden, die Grenzen des Gartens zu verbergen und ihn in eine Reihe von laubigen Lichtungen zu unterteilen.*

LINKS: *Die Gartenmauer wurde mit Hilfe schöner Gitterpaneele, die als Stütze für Kletterpflanzen verwendet wurden, aufgestockt, um größere Intimität und Abgeschiedenheit zu erzielen. Auf diese Weise ist ein wundervoller Platz für eine einfache Gartenbank entstanden.*

Idealerweise sollte ein romantischer Garten ganz grenzenlos erscheinen, auch wenn die Welt durch einen hohen Zaun, eine Mauer oder Hecke vom Garten ausgeschlossen werden soll. Da sich eine hohe Garteneingrenzung aber schwer verdecken läßt, bereitet die Verwirklichung dieses Ziels oft erhebliche Schwierigkeiten.

Wenn der Garten klein ist, können hohe Mauern oder Zäune mit Kletterpflanzen und Mauersträuchern bepflanzt werden, die sich auf verschiedene Weise an der Mauer oder dem Zaun befestigen lassen. Die jeweilige Methode muß auf die Bedürfnisse der ausgesuchten Pflanzen zugeschnitten sein.

Drähte und Gitter können an Backstein- oder Steinmauern und massiven Holzzäunen befestigt werden, um Kletterrosen, Clematis und Geißblatt Halt zu geben. *Hydrangea petiolaris* und *Hedera*-Arten haften von selbst und brauchen keine Stütze; nur die jungen Pflanzen müssen zunächst geführt werden. Das gleiche gilt auch für die schönen *Parthenocissus*- und *Vitis*-Arten. Der Abstand zum trockenen Fundament der Mauer oder des Zauns muß immer groß genug sein, daß die Pflanzen vom Regen befeuchtet werden können.

Auch immergrüne Mauersträucher können zum Verkleiden verwendet werden. *Pyracantha*-Arten sind besonders frostunempfindlich und anspruchslos, tragen hübsche Blüten und Beeren und vertragen das Beschneiden gut. Mauersträucher können auch als Stütze für rankende Clematis und Geißblatt dienen. Ebenso sind kräftige Kletterpflanzen wie die *Clematis montana* oder *Tropaeolum speciosum* dazu geeignet, durch dunkle Eiben oder Ilexhecken zu wachsen.

Eine gute Methode, um die Grenzen größerer Gärten zu verdecken, ist es, einen Streifen schnell wachsender immergrüner Bäume und Sträucher direkt innen an die Grenze zu pflanzen. Bald werden die Mauer- oder Zaunpartien durch das Blattwerk der Bäume und Sträucher dann nur noch wie ein romantischer grüner Nebel wahrge-

Sehr oft übernimmt der romantische Gärtner eine Hecke, die nur einen unvollständigen Sichtschutz bietet. Vielleicht sind einzelne Heckenpflanzen eingegangen oder von einem Sturm entwurzelt worden, und neue Pflanzen an ihre Stelle zu setzen, kann schwierig sein. Für eine Hecke wird immer viel Raum und Wasser benötigt, und der Konkurrenzkampf unter den Pflanzen ist groß. Neue Heckenpflanzen sollten während der ersten beiden Jahre gut gedüngt und gewässert werden. Damit ihre Wurzeln genügend Platz finden, müssen besonders tiefe und breite Pflanzlöcher gegraben werden. Es empfiehlt sich, auch die Wurzeln der angrenzenden Pflanzen sorgfältig zu beschneiden und zum Teil zu entfernen.

LINKS: *Das Haus ist gewöhnlich das größte Gestaltungselement, das innerhalb des Gartens wahrgenommen wird, und man muß sorgfältig überlegen, wie man seine Fassade gestalten will. Hier wurde ein an sich schon höchst reizvoller Besitz mit Kletterpflanzen, die die harten Mauern umschmeicheln, verschönert. Da man auch den Baumstamm von Kletterpflanzen überwachsen ließ und so eine Verbindung zum Haus schuf, wirkt dieses jetzt wie ein natürlicher Teil des Gartens.*

nommen. Bäume und Sträucher, deren Zweige mehr in die Breite wachsen oder sich sogar wölben und herunterhängen, wie die *Picea brewerana* oder der *Chamaecyparis nootkatensis* ›Pendula‹, eignen sich besonders gut zum Verdecken einer Mauer. Das Auge folgt den Linien ihrer Zweige und wird abgelenkt. Dieser Effekt läßt sich noch dadurch verstärken, daß man eine Mischung aus immergrünen und laubabwerfenden Sträuchern und kleineren Bäumen mit einer möglichst großen Vielfalt von Blattypen davorpflanzt. Das Licht wird von den dunklen, glänzenden, ovalen Blättern der Camelien und Rhododendren und dem blaßgrünen filigranen Blattwerk der *Gleditsia triacanthos* oder der gelben Form des *Sambucus racemosa* immer ganz verschieden reflektiert. Wenn man diese Pflanzen zusammensetzt, ent-

steht ein Schleier wie aus Gaze, den das Auge nur mit Mühe durchdringen kann.

Im Idealfall bilden die Grenzen des Gartens nur einen grünen Hintergrund für die aufregenden und interessanten Details des Gartens selbst. Entscheidend ist dabei nicht nur, daß niemand in den Garten hineinsehen, sondern auch, daß er nicht mit einem Blick vollständig erfaßt werden kann.

Das Haus im Garten

Zweifellos würden einige Gärten romantischer wirken, wenn man das in ihnen stehende Haus in irgendeiner Weise verdecken könnte. Wenn Sie mit der Gartenseite Ihres Hauses wenig zufrieden sind, dann können Sie eine Menge tun, um seine Mängel zu verdecken. Unansehnliche Fenster kann man mit Fensterläden oder – falls er dazu paßt – mit altertümlichem Dekor versehen, während ganze Erdgeschosse von einer Pergola oder einer Veranda verschluckt werden können.

Schwieriger ist es schon bei Häusern mit mehreren Stockwerken. In diesem Fall gibt es die Möglichkeit, sie mit dekorativen Gitterwänden zu verkleiden, die sehr hübsch aussehen. Sie können auch als Stütze für die *Wisteria* mit ihren wundervollen, herabhängenden Rispen mauvefarbener, weißer oder sogar purpurner Blüten im frühen Sommer dienen oder für den wilden Wein *(Parthenocissus quinquefolia)* mit seiner atemberaubenden Herbstfärbung. Der letztere benötigt übrigens keine sichtbare Stütze.

Seit Generationen warnen Experten davor, Häuserwände mit Efeu bewachsen zu lassen. Es läßt sich aber nicht abstreiten, daß Efeu romantisch aussieht, und es ist auch sehr unwahrscheinlich, daß es das Mauerwerk eines Hauses, das ordentlich verfugt und in einem guten Zustand ist, ernstlich angreift. Man sollte jedoch verhindern, daß kräftige Kletterpflanzen unter die Dachtraufen, in die Dachrinnen oder zwischen die Dachziegel wachsen.

Ein Landhaus, das bereits ohne Bewuchs einen altehrwürdigen Anblick bietet, bedarf nur geringer Verschönerung. Oft schafft schon ein von Rosengirlanden überwucherter einfacher Bogen aus Metall oder Holzgittern eine so romantische Einstimmung in den Garten, wie man sie sich nur wünschen kann.

DER EINGANG ZUM GARTEN

Der Eingang zum Garten ist wie ein Theaterfoyer, das auf das nachfolgende Erlebnis einstimmen soll. Deswegen sollten Sie dafür sorgen, daß das Tor und der Eingang zu Ihrem Garten romantisch und einladend wirken.

Das Gefühl des Geheimnisvollen darf auf keinen Fall durch ein Gefühl des Abweisenden beeinträchtigt werden; die Besucher müssen von dem romantischen Garten vollständig gefangengenommen werden. Der Einladung zum Eintreten können Sie dadurch Nachdruck verleihen, daß Sie die Umgebung des Eingangstores so schön wie möglich gestalten.

In vielen Fällen werden Türen und Eingänge so häufig benutzt, daß man dazu neigt, sie völlig zu übersehen. Manchmal bieten sie auch von vornherein einen reizvollen Anblick und sollten daher unverändert erhalten werden. Häufiger hebt aber ihr gewöhnliches oder langweiliges Aussehen bei aufmerksamen Besuchern gerade die Empfindung auf, die Sie schaffen wollten. Darüberhinaus darf nicht vergessen werden, daß Tor und Eingang

EINE ROMANTISCHE EINSTIMMUNG
Ein rustikaler Holzbogen mit einer Kletterrose kann sehr wirkungsvoll die romantische Stimmung eines Eingangs verstärken. Für den Eingangsbogen sind kastenförmiges Gitterwerk oder geschweißte Eisenstäbe gleich reizvoll. Einfache Gitterpaneele, an den Mauern befestigt und über dem Eingang miteinander verbunden, sind eine billige und hübsche Alternative.

auch vom Garten aus romantisch aussehen sollten.

Wenn Sie Ihren Garten neu anlegen, sollte die Form des Tors sorgfältig überlegt werden. Oben gebogene Tore sind schöner als rechteckige, und gotische Spitzbögen wirken immer romantischer als halbrunde romanische. Toreinfassungen aus behauenem oder plastisch gestaltetem Stein sind zwar teuer, wirken aber wunderschön, wenn sie verwittert sind.

ROMANTISCHE EINGANGSTÜREN UND -TORE

Eingänge können den Besucher in die richtige Stimmung versetzen, deshalb sollten sie so reizvoll wie möglich gestaltet sein. Gotische Bögen wirken immer romantischer als einfache viereckige oder runde. Langweilige Eingänge können oft verschönert werden, indem man sie mit Steinen von abgerissenen Gebäuden einrahmt. Auch die Qualität und das Aussehen der Tür selbst ist sehr wichtig. Hohe schmiedeeiserne Tore sollten an massiven Holzpfosten oder gemauerten Stützpfeilern aufgehängt werden.

Sehr oft wird der Effekt eines schönen Eingangs dadurch zerstört, daß dem Tor oder der Tür selbst zu wenig Aufmerksamkeit geschenkt wurde. Besonders häßlich sind überladene, in grellen Farben angestrichene Holztüren mit unansehnlichen, billigen Scharnieren und Klinken. Türen aus dicken, breiten Planken, nicht allzu glatt gehobelt und in einem der herrlich blassen Farbtöne gebeizt, wie sie heute erhältlich sind, sehen am schönsten aus. Wenn die Farbe verblaßt, so verwittert auch das Holz zu einem matten aschfarbenen Silberton, der nur noch eine Spur von Farbe enthält. Zu solchen schweren Türen passen am besten kräftige Eisenbeschläge. Falls statt einer massiven Tür ein »durchsichtiges« Gittertor gewünscht wird, stehen eine Menge Firmen zur Verfügung, die Eisentore in allen Formen und Größen anbieten.

Die natürliche Schönheit schon vorhandener Eingänge mit Bögen läßt sich kaum noch verbessern. Falls Sie jedoch eine eher einfache Tür mit geradem Sturz Ihr eigen nennen, können Sie eine Menge für ihre Verschönerung tun. Massive Holztüren von guter Qualität können abgeschmirgelt und in einem passenden sanften Ton gebeizt werden. Außerdem lassen sich dann bessere Eisenbeschläge anbringen. Die Holztür kann aber auch durch ein Eisentor ersetzt werden. Die Rahmen einfacher rechteckiger Türen lassen sich in der Weise verschönern, daß man sie mit guten hölzernen Zierleisten oder sogar mit halbrunden Stämmen verkleidet, falls sie etwas rustikaler wirken sollen.

Eine andere Möglichkeit besteht darin, ein ganz normales Tor mit einer »grünen Überdachung« zu verschönern. Es braucht sicherlich Zeit, einen alten Torweg aus Buchs oder Eibe zu schaffen, wie man sie hier und dort gelegentlich sieht, aber ein niedriger Bogen aus Gitterwerk oder Eisenstäben wird innerhalb von einem oder vielleicht zwei Jahren von Kletterpflanzen bedeckt sein. Wenn sich ein immergrünes Geißblatt oder eine Kletterrose entwickelt hat, dann ist die Tür dahinter nahezu verschwunden.

Sobald Sie den Garten betreten haben, sollte Sie das Gefühl überkommen, sich an einem Ort des Friedens zu befinden. Sie haben den passenden Rahmen für Ihren Garten geschaffen, so daß sich der Besucher jetzt von seiner Romantik und den Geheimnissen im Innern verzaubern lassen kann. In der Gartenkunst, wie in vielen anderen dekorativen Künsten auch, können kompositionelle Schwächen oft durch das Errichten von Sichtschutzwänden oder anderen Ablenkungen ausgeglichen werden. Gebaute Elemente oder große Pflanzen im Garten können den direkten Blick auf seine Grenzen erschweren. Oder man kann noch raffinierter durch die beherrschende Präsenz einer Pergola oder eines Obelisken oder einfach durch geschickte Plazierung einer Sitzbank oder einer besonders bemerkenswerten Pflanze die Aufmerksamkeit von der Gartengrenze ablenken. Vor allem sollte der romantische Garten immer in sich abgeschlossen, fast nach innen gewandt sein, und ein Rundgang darf das erste Gefühl von Geheimnis und Überraschung nicht zerstören.

EIN EINFACHES TOR
Für Tore in niedrigen Mauern sind die einfachsten Entwürfe die befriedigendsten. Um ihnen mehr Statur zu verleihen und ihre Bedeutung als Schranke, die vor dem Eintritt in einen neuen Gartenbezirk überwunden werden muß, zu betonen, können sie mit einem Bogen aus Holz- oder Eisengittern, die man mit Kletterpflanzen beranken läßt, überdacht werden.

Ein exotischer Garten

Dieser tropisch wirkenden Zufluchtsstätte verleiht eine Steinvase, mit einem panaschierten Ingwer bepflanzt ist, seinen besonderen Reiz. Das etwas unregelmäßige Ziegelpflaster beeinträchtigt in keiner Weise die romantische Atmosphäre, die durch die üppige Vegetation hervorgerufen wird. Auch die Drahtstühle mit ihrem Rankenmuster harmonieren wunderbar mit der Umgebung.

Es mag sein, daß es sich an heißen, feuchten Plätzen in den wärmeren Jahreszeiten besonders schwer arbeitet; für Gärtner aber können sie ein wahres Paradies sein, denn in feuchtem und warmem Klima wachsen viele Pflanzen unglaublich schnell, manchmal sogar zu schnell. Solche klimatischen Bedingungen eignen sich besonders gut für subtropische Pflanzen, bei denen man sicher sein kann, daß ihre exotischen, oft sehr dekorativen Formen die Aufmerksamkeit immer auf sich lenken werden.

Dieser Garten, der nur 18 auf 6 m mißt, ist mit einem Stadthaus verbunden. Sein Besitzer hat es verstanden, dieses wirklich nur kleine Stückchen Erde in einen beinahe überwältigend bepflanzten romantischen Garten zu verwandeln. Es ist erstaunlich, wie viele verschiedene und reizvolle Pflanzen sich an einem Ort wie diesem unterbringen lassen.

Von dem mit Ziegelsteinen ausgelegten Innenhof am Haus führen verschiedene Wege in den Garten. Jeder von ihnen bietet einen anderen Ausblick, und zwei von ihnen treffen auf einen Sitzplatz, der etwas abseits des Gebäudes gelegen ist.

Im Garten gibt es zwei Wasseranlagen: einen Brunnen im Innenhof und einen Teich, der fast vollständig mit saftigem Wassersalat bedeckt ist. In dieser Gegend steht das Grundwasser besonders hoch, so daß man nicht tief graben mußte, um Wasser zu finden. Die Wege in diesem Garten benötigen dafür ein besonders tiefes und hartes Fundament, um zu trockenem, festem Land zu werden.

Der Garten endet an der etwas düsteren, aber eindrucksvollen Backsteinmauer eines alten Klosters, die sich wie eine Klippe auf 4,50 m Höhe über den Garten erhebt. Etwa die Hälfte ihrer Oberfläche wird von einem hübschen, aus dünnen

Dieses Glashaus, das im Winter frostempfindlichen tropischen Pflanzen Schutz gewährt, verdeckt zusätzlich den Blick auf eine ziemlich häßliche Ziegelmauer am Ende des Gartens. Über einen Steinplattenweg gelangt man trockenen Fußes auf dem sumpfigen Boden des Gartens in das Glashaus.

Stäben gebauten Glashaus verdeckt. Darin finden die echten tropischen Pflanzen Schutz, die besonderer Pflege bedürfen. Ein großer Teil der restlichen Mauer wird von einer herrlichen Fülle von Pflanzen verdeckt, unter anderem von steil aufragenden *Phoenix*-Palmen und von kräftigen Mehlbananen (*Musa paradisiaca*). Die Mauerflächen im Glashaus sind überwuchert von Rankgewächsen wie Wildem Wein.

Um den an heißen Tagen erwünschten Schatten zu haben, wurden Stechpalmen, Magnolien, Avocados, Zitronen- und Lorbeerbäume gepflanzt. Unter ihrem wie ein Zeltdach ausgebreiteten Blattwerk bilden die blühenden Pflanzen mit ihren leuchtenden Farben einen besonders starken Kontrast. Vor allem die Cassien mit ihren blaßgrünen Blättern fallen ins Auge, die 4,50 Meter und mehr erreichen und ihre gelben Blütenkandelaber hoch halten, aber auch die Büschel von hohen Liriopen und Hemerocallis mit ihren grasartigen Blättern, die Hakenlilien mit ihren weißen trompetenförmigen Blüten und die schönen Ingwerpflanzen. Die Azaleen werden in Töpfen mit dem nötigen sauren, torfhaltigen Kompost gehalten.

Die meisten Menschen glauben, daß das Paradies ein Ort ist, der sie ohne Arbeit mit alledem versorgt, das sie zum Überleben brauchen. Deshalb ist es nicht überraschend, daß in diesem Garten Gemüse und Kräuter mit blühenden Pflanzen um Raum und Licht wetteifern.

Glänzende, dunkellila Auberginen, so groß wie kleine Ananas, fallen ins Auge; kräftig gelbe Blüten der Jerusalemartischocke leuchten wie Karnevallaternen hervor, Grünkohl und Brokkoli prangen in dem feuchten Boden. Basilikum, Minze und Petersilie verströmen ihr Aroma in einer Luft, die schon schwer ist vom Duft der Zitronenblüten und der wilden Erdbeeren.

Damit der Garten nicht zu überladen wirkt, hat der Besitzer raumgestaltende stachlige Pflanzen wie *Cycas revoluta* und Sagopalmen verwendet.

LISTE DER PFLANZEN

TEICH, UMGEBUNG & SITZPLATZ
Prunus laurocerasus
Citrus limon
Phoenix dactylifera
Musa × paradisiaca
Montbretia
Cassia alata
Iris-Arten
Farne
Pistia stratiotes
Hibiscus rosa-sinensis
Cycas revoluta
Olea europea
Nandina domestica
Liriope muscari
Magnolia virginiana
Viola-Arten

GEMÜSEGARTEN
Pfirsichbaum
Pflaumenbaum
Gemüse der Jahreszeit:
Auberginen, Jerusalemartischocke, Grünkohl, Broccoli, Spargel, Basilikum, Minze, Petersilie, Walderdbeeren

GEPFLASTERTE HÖFE
Hydrangea-Zuchtformen
Pelargonium-Arten und -zuchtformen
Camellia
Althaea rosea
Ilex (als Trennwand)
Hemerocallis-Arten
Crinum bulbispermum
Cassia splendens
Musa acaminata
Rhododendron-Arten
Zingiber officinale
Impatiens
Liliumarten
Aspidistra
Persea americana

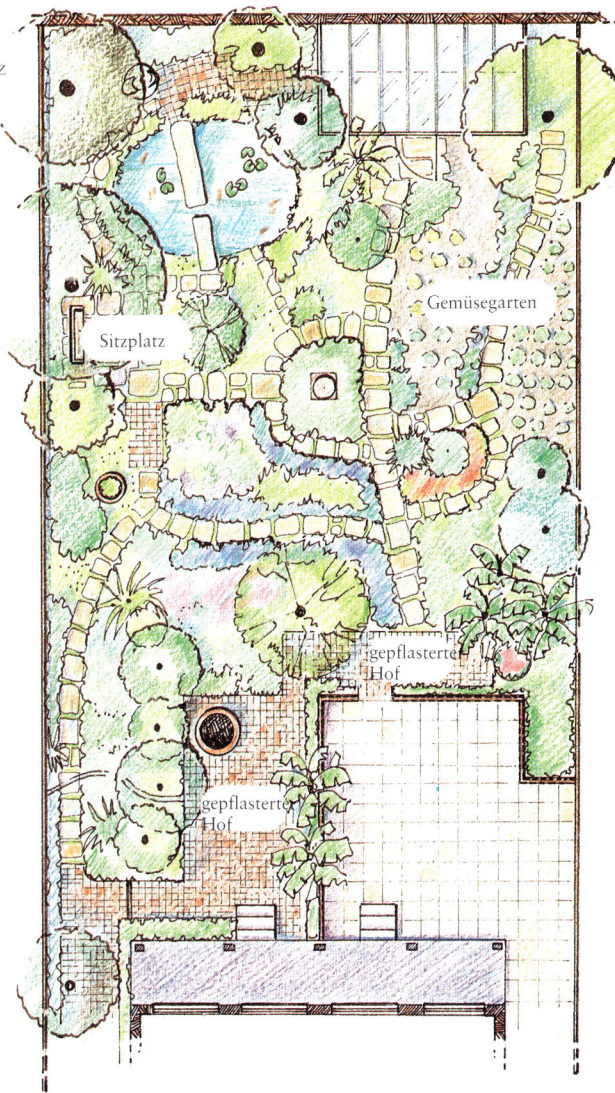

Gemüsegarten

Sitzplatz

gepflasterter Hof

gepflasterter Hof

Ein geheimnisvoller Garten

In diesem abgeschiedenen Garten wird ein einst ganz gewöhnliches, rechteckiges Stück Rasen von einem Dickicht aus verschiedenartigen Sträuchern eingefaßt und überwachsen.
Dahinter verstecken mehrere geheimnisvolle Winkel, und eine einladende Gartenbank soll die Besucher anlocken. Eine Wegkreuzung wird von üppigem Blattwerk eingerahmt, vier Wacholderbäume stehen Wache. Der Weg ist bewußt schmal gehalten, um seinen romantischen Charakter zu verstärken.

Dichte Baumkronen bilden natürliche Laubengänge und lassen im Kontrast die offenen Lichtungen im Hintergrund noch heller erscheinen.

Diese Verwandlung eines offenen, rechteckigen Stücks Land in einen bezaubernden und geheimnisvollen Garten zeigt, wie dank guter Planung und überlegter Bepflanzung ein Garten entstehen kann, der weit und frei gestaltet und zugleich umfriedet erscheint wie der Kreuzgang eines Klosters.

Zu Beginn war der größte Teil des Gartens ein großes, von Pflanzbeeten eingefaßtes Rasenstück. Das schönste Element darin war ein hinter der Wiese gelegener alter Teich. Die erste Aufgabe bestand nun darin, einen immergrünen Gürtel von Kiefern, Lawson-Zypressen, Stecheichen und blauen Zedern als Schutz gegen die kalten Ostwinde zu pflanzen. Überraschenderweise ist die *Cupressus macrocarpa,* die eigentlich ein so kaltes Klima nicht verträgt, prächtig gediehen.

Dieser immergrüne Wall wurde durch eine dichte Pflanzung von Laubbäumen und Sträuchern verstärkt. Neben zusätzlichem Windschutz bieten diese Bäume auch Unterkunft für Schneeglöckchen, Hyazinthen, Alpenveilchen und Martagonlilien.

Ein Dickicht aus Sträuchern und Bäumen, die in den Rasen hineinwachsen, sollte die ehemals strenge Gartengestaltung unterbrechen und nicht einsehbare Bereiche schaffen. Das dichte Gebüsch, das keilförmig die geradlinige östliche Rasenkante unterbricht, ist von Pflanzen eingerahmt, bei denen die Grüntöne vorherrschen – wie zum Beispiel Christrosen, Wolfsmilch und Tabak.

Im größten dieser Gebüsche dominieren die Orange- und Scharlachtöne der Strauchrosen und von Pflanzen wie Montbrietien, Lichtnelken und Goldlack. Sie heben sich wunderbar vor dem immergrünen Hintergrund der Sträucher und kleinen Bäume ab, unter ihnen Buchs und Lorbeer.

Ein wesentliches Element des Gartens ist ein von Norden nach Süden durch das Gebüsch ver-

Obwohl der Weg streng gestaltet ist, wirkt er in einem wilden Garten recht romantisch.

laufender Weg, der den Blick von der Hausmitte zum Teich freigibt. Er wird eingefaßt von einer prachtvollen Kombination aus krautartigen Pflanzen und Sträuchern, unter anderem Rosen, beschnittenem *Osmanthus burkwoodii*, rotblättrigem *Prunus*, hohem *Senecio greyi*, Spiräen, Steinbrech, Glockenblumen, Tulpen und Mondviolen, die über die Ränder quellen und die harten Linien unterbrechen.

Dieser Hauptweg durch den Garten wird von einem anderen Pfad gekreuzt, der einen Durchblick zu der Fontäne im Seerosenteich eröffnet, der sich in einem eingefriedeten Teil des Gartens befindet. Vier kerzengerade Wacholderbäume machen die Wegkreuzung zu einem prachtvollen Mittelpunkt des Gartens. Pflanzen mit weißen, silbernen und grauen Blüten und Laub dominieren in dem Seerosenteich-Garten, in dem durch die Hecke aus hoher *Lonicera nitida* ein Gefühl völliger Abgeschiedenheit entsteht.

Westlich des Gartens in Weiß- und Silbertönen befindet sich ein großer Bezirk mit Wegen aus Ziegelpflaster, die durch Beete führen, in denen Blau-, Rosa- und Gelbtöne vorherrschen. Scilla, Vergißmeinnicht, Phlox, Eryngium, Agapanthus, Eisenhut, Sisyrinchium, Skabiosen und Tulpen wetteifern miteinander um unsere Aufmerksamkeit.

Nördlich davon liegt ein echter Wildgarten mit kräftigen Gräsern, Wildpflanzen und Zwiebelgewächsen. Dieses Gartenstück ist diagonal durch schöne Pfade mit rhombenförmigem Steinpflaster unterteilt.

Bei der Planung dieses Gartens wurde versucht, bestimmte Prinzipien zu beachten: So wurden etwa alle Grenzen mit Hilfe immergrüner Pflanzen und Sträucher »verwischt«. Auch vermied man das Blickfeld störende querlaufende Linien. Wenn das nicht möglich war, wurden sie in irgendeiner Weise unterbrochen, sei es, daß man etwas davorsetzte, oder daß man eine Öffnung ließ. Farbharmonien wurden gegenüber scharfen Kontrasten bevorzugt und, wo immer möglich, wurden deutliche, aber sanft verlaufende Kurven gezogen.

LISTE DER PFLANZEN

BÄUME ZUR EINFASSUNG UND ALS WALD
Populus-Arten
Cupressus macrocarpa
Chamaecyparis lawsoniana
Quercus ilex
Cedrus atlantica ›Glauca‹
Ilex-Arten
Corylus avellana
Galanthus nivalis
Endymion nonscriptus
Cyclamen-Arten
Lilium martagon

TEICHUMRANDUNG
Salix × chrysocoma
Rheum palmatum
Irisarten

Inula afghanica
Rodgersia pinnata
Heracleum mantegazzianum

WEGE
Juniperus ›Sky Rocket‹
Rosen-Arten
Osmanthus burkwoodi
Prunus cerasifera ›Pissaardii‹
Senecio greyi
Spiraea
Saxifraga
Endymion nonscriptus
Tulipo-Arten
Lunaria
Lonicera nitida

RASENUMRANDUNG
Buxus sempervirens
Prunus laurocerasus

Laurus nobilis
Helleborus-Arten
Nicotiana
Euphorbia
Crocosmia
Lychnis
Cheiranthus

WESTLICHE SEITE
Scilla
Myosotis
Phlox
Eryngium
Agapanthus
Aconitum
Sisyrinchium striatum
Scabiosa

Romantischer Zauber im Innern des Gartens

Glücklich der Gärtner, der einen Garten mit einer hohen bemoosten Mauer besitzt, in dem sich Wege durch Baumhaine schlängeln, die zu sonnenüberfluteten Lichtungen oder einem stillen Teich führen. Die meisten von uns müssen jedoch ziemlich hart arbeiten, um ähnlich schöne Effekte zu erzielen. Trotzdem, mit Arbeit und Nachdenken läßt sich ein kahles Grundstück oder ein hübsches freies Stück Land in einen abgeschiedenen Ort voller Atmosphäre verwandeln. Romantische Gärten, die ja eine idealisierte Form ungebändigter Natur sein wollen, werden niemals einen Preis für Ordnung und Präzision gewinnen; sie wirken aber immer aufregend, weil alle ihre typischen Merkmale nicht offen zu Tage liegen. Sie hüten streng ihre Geheimnisse und geben lediglich mit verlockenden kurzen Einblicken durch Bögen, Pergolen, Schutzgitter, grüne Trennwände oder Trennmauern Hinweise auf ihre Schätze.

In einem bereits bestehenden, aber nicht eingefriedeten Garten wird es viel Erhaltenswertes geben – insbesondere gut gewachsene schöne Sträucher und Bäume. Man sollte sie als wichtige Elemente neben anderen unveränderlichen Gegebenheiten wie Grenzen, Lage, Boden und den klimatischen Bedingungen, in seine Überlegungen mit einbeziehen, wenn der Garten neu geplant oder verändert werden soll. Die angestrebte geheimnisvolle und reizvolle Atmosphäre läßt sich in erster Linie dadurch erreichen, daß der ganze Garten nie auf einen Blick überschaubar ist. Das läßt sich auch in dem kleinsten Garten durchführen, wenn man Schutzwände im rechten Winkel zu den Grenzen des Gartens zieht, so daß der dahinterliegende Bereich dem ersten Blick verborgen bleibt.

Plant man einen solchen Garten, dann ist es wichtig, eine feste und klare Gesamtstruktur des Ganzen vor Augen zu haben. Man muß versuchen, selbst den kleinsten Garten in einzelne Bereiche aufzuteilen, die durch gebaute oder gepflanzte Schranken voneinander geschieden werden. Wichtig ist auch, daß der Garten ein Gefühl von Bewegung vermittelt.

GEHEIMNISVOLLE LAUBHÖHLEN

Sehr reizvoll ist es, den Garten als eine Reihe von mit Laubwerk umgebenen Lichtungen zu planen. Diese Lichtungen mit ihren dunklen Rändern und helleren Mittelpunkten werden durch Pfade verbunden, die immer wieder hinter grünen Trennwänden verschwinden. Wo sie genau liegen und wie die Wege verlaufen sollen – und wo daher Bäume und Sträucher gepflanzt oder Trennwände errichtet werden sollen –, das muß auf einem maßstabgerechten Gartenplan ausgearbeitet werden. Dabei ist zu beachten, wie weit sich die Bäume im äußersten Fall ausbreiten können, daß Wege nicht schmaler als 60 cm sind und Lichtungen mindestens einen Durchmesser von 2,50 m haben. Junge Bäume brauchen ein Stück Erde um ihre Stämme, das man von Gras oder Unkräutern freihalten muß, bis sie sich gut entwickelt haben. Auch darf man nicht vergessen, daß die Pflanzen immer versuchen, den ihnen zur Verfügung ste-

In einer sehr stimmungsvollen Umgebung gelangt man auf einem dunklen Weg zwischen Felsen zu einer von Blumen und Laub eingefaßten Lichtung. Derartige Ansichten machen das Wesen eines romantischen Gartens aus, weil sie dunkel und geheimnisvoll wirken und den Besucher mit Farb- und Lichteindrücken anlocken.

henden Raum auszufüllen. Denken Sie aber auch daran, daß ein zu reich bepflanzter Garten romantischer wirkt als einer, in dem es nur ein paar spärliche Pflanzen gibt.

Eine Möglichkeit zur Schaffung einer Laubhöhle ist es, ein Stück Land fast ganz mit immergrünen Bäumen wie Stecheiche, Eibe, Zypresse oder Ilex einzufassen. Je größer der Garten, um so mehr Höhlen können geschaffen werden, um so ausgedehnter können die Lichtungen und um so dichter die Baumreihen sein, die sie voneinander trennen.

In vielen Stadtgärten wird jedoch nur für eine einzige große Laubhöhle Platz sein, die irgendwo in der Mitte des Grundstücks liegt. In der Nähe des Hauses und am Ende des Gartens sollte man eine grüne Wand schaffen, so daß dazwischen die hellere Lichtung entsteht. Um einen gewissen dramatischen Effekt zu erzielen, sollten die ausgewählten Bäume am Ende so hoch sein, daß wir zu ihren Kronen in den Himmel aufschauen müssen. Kegelförmige Bäume wie *Ilex aquifolium* ›Green Pillar‹, *Quercus petraea* ›Pyramidalis‹ oder *Thuja plicata* ›Fastigiata‹ werden hoch genug, bleiben dabei aber verhältnismäßig schlank. Falls Sie schneller wachsende Koniferen pflanzen wollen, müssen Sie bedenken, daß sie vielleicht nach Jahren wegen ihrer Dunkelheit bedrückend wirken könnten.

Einheit schafft ein Gefühl von Stille und Ruhe. Eine beruhigende Wirkung läßt sich viel eher dadurch erzielen, daß wir statt einzelner Bäume in unterschiedlichen Farben einen kleinen Hain aus sechs Silberbirken pflanzen. Nicht nur die Farbe muß bedacht werden – auch Struktur, Blattform, Textur, Kontraste der Rinden und die räumlichen Beziehungen der Bäume zueinander sind wichtig, nicht zu vergessen die Gruppierung von Bäumen, die den gleichen Boden und die gleichen klimatischen Bedingungen lieben. Um die gewünschte Wirkung zu erzielen, sollten wir nur eine Pflanzensorte verwenden – vielleicht nur Eiben oder Hainbuchen oder aber nur eine Sorte von Strauchrosen, wie zum Beispiel *Rosa alba* ›Celeste‹, die sich für eine farbenprächtige Wand wunderbar eignet.

Ein kleiner romantischer Garten

GESTALTUNGSELEMENTE

1 Gitterobelisken, mit Kletterrosen bewachsen
2 Maske, die Wasser in ein kleines Steinbecken speit
3 Bepflanzte Gitterwand
4 Bepflanzte Pergola
5 Vase auf einem Sockel in einem blinden Bogen vor einem Spiegel
6 Steinsäule auf achteckiger Basis, eine Kristallkugel tragend
7 Schattige Laube
8 Nischenartige Grotte, mit Farnen etc. bepflanzt
9 Seerosenteich, zum Teil mit Sumpfpflanzen eingefaßt
10 Falscher Eingang
11 Mit Kletterpflanzen bewachsener Tempel aus einfachen Eisenstäben

BEPFLANZUNG

Blühende immergrüne Sträucher und krautartige Pflanzen

Duftende Strauchrosen

Kegelförmiger Wacholder

Prunus lusitanica

Quercus ilex

Pyrus salicifolia ›Pendula‹

Viburnum tinus

Liriodendron tulipifera

Primelwiese

Dieser Stadtgarten mißt 10 m auf 6,50 m und ist von begrünten Backsteinmauern umgeben. Auf der Terrasse eine wasserspeiende Maske, davor eine Reihe alter Strauchrosen, kleine Hügel bildende aromatische Pflanzen und Kletterrosen an Gitterobelisken. Reizvolle Durchblicke leiten das Auge durch den Bogen und entlang der Pergola bis zu der Vase vor einem Spiegel. Vom anderen Ende der Pergola schaut man durch einen gemauerten Bogen auf die Kristallkugel. Ablenkung bietet die mit Primeln bestandene Lichtung und die halb hinter der immergrünen Hecke verborgene Laube. Wirft man einen Blick um die Ecke, entdeckt man vor einem falschen Eingang das berankte eiserne »Tempelchen«, einen abgeschiedenen Sitzplatz sowie einen Durchblick über die Iris- und Lilienwiese zum Seerosenteich. Der Garten ist dicht mit kleinwüchsigen Bäumen bestanden.

Nothofagus dombeyi

Ilex

2 m hohe halb-streng gestaltete, immergrüne Hecke

Picea breweriana

Prunus laurocerasus

Cupressus arizonica

Wiese aus verschiedenen Sorten Iris, Lilien, Sisyrinchium, etc.

Gleditsia triacanthos

Prunus subhirtella

Taxus baccata

BODENBELÄGE

Halb-streng gestaltetes Pflaster aus alten Ziegelsteinen oder verwittertem Stein, in dessen Ritzen hübsche kleine Hügel bildende Pflanzen wie Thymian, Nelken etc. wachsen.

Kiesbelag

Von der Terrasse durch die Pergola und die Gitterwand hat man einen schönen Blick auf den dahinter liegenden Garten. Von der Kristallkugel aus lassen zwei ganz unterschiedliche Ausblicke – zum Tempel hin und durch den verfallenen Bogen – den Garten besonders groß erscheinen, und durch den mit einem Spiegel hinterlegten blinden Eingang wirkt dieser Ausblick grenzenlos. Bei einem Gang durch den Garten entdeckt der Besucher die Laube und die Primelwiese hinter der Hecke.

Ein großer romantischer Garten

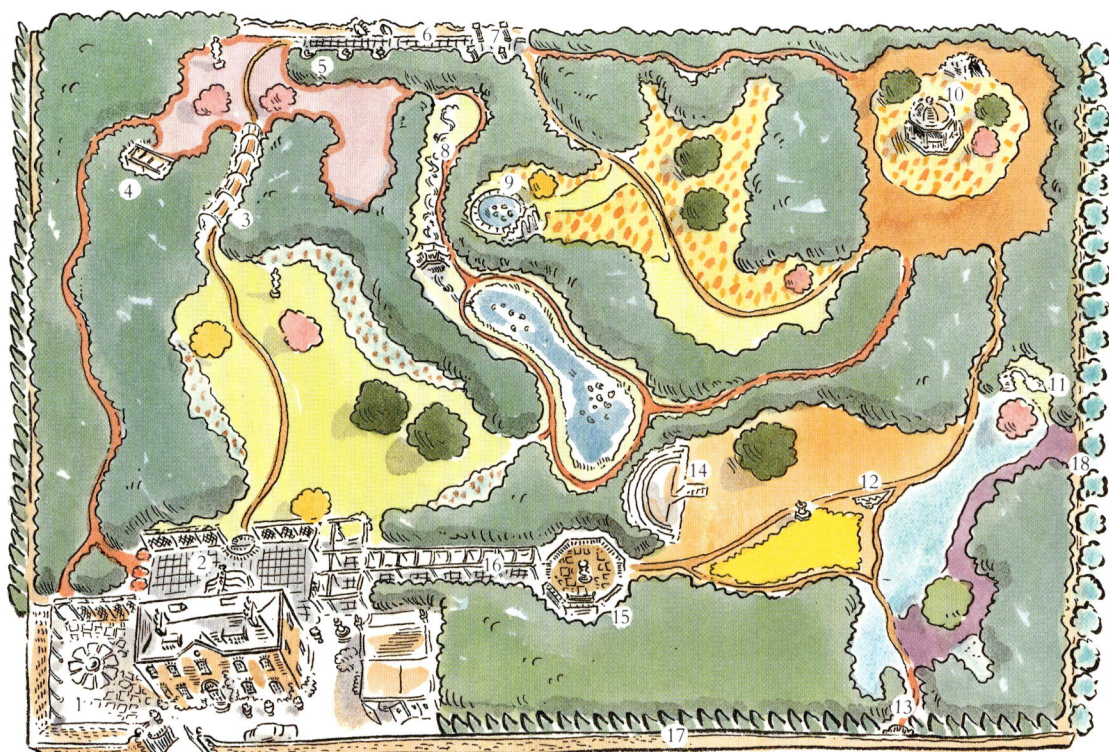

11 Stehengebliebene Ecke eines verfallenen Gebäudes mit Bogengang
12 Überrest von römischem Pflaster, eingelegt in einen Kiesweg
13 Tröpfelnder Brunnen in einer Nische
14 Ausgegrabenes «natürliches» Theater mit steinverkleideten Sitzen und Zwergthymian auf den Sitzreihen
15 Sitz vor einer Steinmauer, mit Kriechpflanzen bewachsen
16 Bepflanzte Pergola
17 Wieder hergerichtete alte Backsteinmauer
18 Schon vorhandene hohe Steinmauer

BEPFLANZUNG

Mischung aus laubabwerfenden immergrünen Bäumen und Sträuchern mit höheren und breiteren Bäumen in der Mitte, eingefaßt von niedrigeren Sträuchern, die mit mehrjährigen krautartigen Pflanzen kombiniert sind; an den Wegrändern viele Waldzwiebelgewächse und krautartige Pflanzen.

Ebenmäßiger gemähter Rasen

Magnolia grandiflora

Duftende Strauchrosen

Prunus subhirtella

Quercus ilex

Gemischte Beete aus krautartigen Pflanzen und kleinen Sträuchern

Lavendelwiese

Dieser Garten, für ein Grundstück von 6000 qm entworfen, kann auf zwei ganz unterschiedliche Weisen erlebt werden. Die kleineren Wege führen nur durch Waldland, während einen die größeren Wege zu einer Reihe von Lichtungen und Alleen bringen. Die erste besteht aus einem Rasenstück, das von Sträuchern, Pflanzbeeten und Bäumen eingefaßt ist. Ein Laubengang führt zu der zweiten Lichtung mit einer Lavendelwiese und einer Laube. Von hier aus zweigt eine Allee ab, die zwischen einer bepflanzten Mauer und einer beschnittenen Hecke verläuft, in der es Nischen mit

Skulpturen gibt. In der dritten Lichtung kommt man über eine Wildblumenwiese zu einer gotischen Mauer und einem Seerosenteich. In der vierten Lichtung bildet der erhöhte Tempel einen reizvollen Kontrast zu der dunklen Grotte hinter dem Berg. Die letzte Lichtung enthält ein Amphitheater und eine Primelwiese. Ein oktagonaler Hof und eine gepflasterte Pergola führen zum Haus, und mitten in dem Waldland findet man einen Bach und einen Teich, umgeben von moosigen Wiesen.

GESTALTUNGSELEMENTE

1 Arkaden und ein Trennungsgitter mit dazwischen wachsenden Eiben umgeben einen gepflasterten Hof mit Kräuterbeeten und einer bepflanzten Urne in der Mitte
2 Doppelwandiges Trennungsgitter, mit Kletterpflanzen bewachsen, und Bögen über den Steinstufen
3 Bepflanzter kurviger Laubengang
4 Bepflanzte Laube
5 Büsten auf Säulen
6 Teilweise verfallene dicht bepflanzte Steinmauer mit

Farnen und Wasserbassin in einer Nische
7 Steinsäulen mit Kletterrosen
8 Felshügel, aus dem Wasser in einen mit großen Kieselsteinen ausgelegten Bach quillt, der zu einem Teich mit Mooswiese und sumpfigen Ufern führt
9 Seerosenteich, der von einer langsam verfallenden Steinmauer mit behauener Mauerkrönung umgeben ist. Eine einzelne weiße Seerose schmückt den Teich; verfallene Mauer mit gotischen Fenstern und eingelassenen Steinsitzen an der Teichseite
10 Oktagonaler Tempel auf Hügel mit Grotte

Blumenwiese

Gemischte Bodendecke
aus Zwergthymian,
Günsel, sehr niedrigem
Wacholder, kriechendem
Rosmarin und einigen
Hügel bildenden
Pflanzen wie Eiskraut
und Gottvergeß (*Ballota*)

Flächen von dicht
gepflanzten Lilien, Iris,
Hemerocallis und
Agapanthus

Primelwiese

Wiese aus gemischten
dekorativen in Büscheln
wachsenden Gräsern

Windschutz aus *Prunus
lusitanica, P.
laurocerasus,
Ilex*arten und *Taxus
baccata*

Sichtschutz aus
*Chamaecyparis
lawsoniana*

BODENBELÄGE

Streng gestaltetes
Pflaster

Gemischtes Pflaster aus
Steinplatten und
Ziegeln

Grober Kies, verwen-
det als Pflaster und
für 2 m breite streng
gestaltete Wege

Frei gestaltete
Wege mit Belag
aus Baumrinden-
stückchen

Viel Raum in einem gut
drainierten Gelände des
Gartens ist nötig, um die
Überreste eines Amphitheaters
überzeugend aufzubauen. Die
für ein solches Theater
ausgehobene Erde kann
verwendet werden, um an
anderer Stelle Hügel – vielleicht
für einen Aussichtsplatz oder
einen Tempel – zu schaffen.

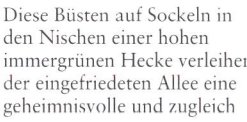

Diese Büsten auf Sockeln in
den Nischen einer hohen
immergrünen Hecke verleihen
der eingefriedeten Allee eine
geheimnisvolle und zugleich
vornehme Atmosphäre.
Spaziert man entlang der
Hecke, eröffnen sich alle paar
Meter reizvolle Einblicke.

Kaum etwas wirkt
romantischer als die
simulierten Ruinen einer alten
Abtei, gebaut aus behauenen
Steinbögen, Fenstern oder
Türen verfallener
viktorianischer Gebäude. Hier
liegen sie neben einem
Seerosenteich mit
Steinumrandung und
hineinwachsenden Pflanzen.

TRENNWÄNDE IM GARTEN

Falls in Ihrem Garten Laubhöhlen erst mit der Zeit den romantischen Effekt herbeizaubern werden, oder falls Ihr Garten für so ein Wäldchen zu klein ist, dann sollten Sie vorübergehende oder dauerhafte Trennelemente errichten. Diese haben auch den Zweck, in bestimmte Richtungen zu weisen und zum Umhergehen anzuregen. Wenn genügend Platz vorhanden ist, können mehrere Trennwände errichtet werden, um verschiedene «Räume» innerhalb des Gartens zu schaffen. Durchgänge in den Trennwänden können zusätzliche Reize schaffen. Selbst in den kleinsten Gärten wirken im rechten Winkel zu den Seiten gezogene partielle Trennwände geheimnisvoll, da dem Besucher Teile des Gartens zunächst verborgen bleiben, in die er nur über einen Umweg hineingelangen kann. Als allgemeine Regel gilt: Je kleiner der Garten, um so leichter in der Struktur sollten die Trennwände sein.

Gitterwände

In jedem Garten können hübsche Gitterwände schnell errichtet werden, indem man Gitterpaneele an dicken Holzpfosten befestigt. Gitterwände haben den Vorteil, sofortigen Sichtschutz zu bieten, und darüber hinaus sind sie wunderbare freistehende Träger für Kletterpflanzen, die so wichtig sind, um dem Garten eine romantische Atmosphäre zu verleihen. Sogar noch vor der Bepflanzung können Gitterwände ein allgemeines Gefühl von Leichtigkeit und Eleganz vermitteln, das in schönem Gegensatz zu der eher ernsten Stimmung

steht, die durch dunkle immergrüne Pflanzen und schweres Mauerwerk hervorgerufen wird. Eine Gitterwand wirkt ähnlich wie ein Schleier, hinter dem man viel, aber nicht alles erkennen kann.

Unerfahrene Gärtner werden wahrscheinlich fertige Gitterpaneele kaufen, und viele der kunstvoll gearbeiteten Modelle mit gotischen Bögen oder Chinoiserien sind zweifellos hübsch anzusehen. Aber bevor Sie sich zum Kauf entschließen, sollten Sie das Stück sorgfältig überprüfen. Eine Gitterwand, die stark genug sein soll, um schwere Kletterpflanzen zu tragen und kräftigen Winden zu widerstehen, muß aus abgelagertem Weichholz von mindestens 2,50 x 2,50 m im Querschnitt angefertigt sein. Mit Kadmium überzogene oder verzinkte Schrauben verhindern Rostbildung. Viele fertige Paneele werden in leichterem Holz

GITTERWÄNDE
Hübsch entworfene Gitterwände bieten einen erfreulichen Anblick, der immer schöner wird, wenn sie mit Kletterpflanzen bedeckt sind.

GITTERBÖGEN
Gitterbögen können aus dünnem biegsamen Bau-Lattenholz hergestellt werden. Mehrere dünne Latten werden mit Kontaktkleber versehen und über eine gebogene Form aus Nägeln, die in ein Holzbrett gehämmert wurden, gezogen und mit Schraubzwingen festgehalten. Wenn alle Latten luftdicht aufeinandergepreßt sind, werden die Schraubzwingen entfernt und die Latten bleiben gebogen.

angeboten und nur genagelt oder geklammert. Dementsprechend halten sie auch nicht lange. Wer handwerklich geschickt ist, sollte versuchen, die Gitterwände selbst herzustellen.

Während in manchen Gärten weiße Gitterwände sehr schön aussehen, können auch braune, dunkelgrüne oder silbrig blaue besonders romantisch wirken. Aus geschwungenen Gitterelementen lassen sich reizvolle Trennwände mit Bögen anfertigen, als Schmuck oder zur Einfassung von Wegen. In einem kleinen Garten, in dem die Mauern mit Gitterbögen verkleidet sind, fühlt man sich

ein wenig wie in ein Kloster versetzt. Durch die geschickte Plazierung von Spiegelglas kann man den Garten optisch vergrößern.

Mauern

Die Innenmauern eines Gartens sind normalerweise niedriger als seine Außenmauern und sollten Teil eines einheitlichen Plans sein. Sie müssen daher aus Materialien bestehen, die gut zum Haus und den Umfassungsmauern passen; auch müssen sie überlegt plaziert werden, damit der Blick in und hinter den Gartenteil gelenkt wird, den sie

INNENWÄNDE
Gebogene Mauern mit alten Fenstereinfassungen aus Stein, die wie Ruinen aussehen sollen, bilden schöne Innentrennwände.

GRASMAUER
Die alten Römer verwendeten umgedrehte Grasplatten, um daraus in Gegenden, wo es wenig Steine gab, Mauern zu bauen. Man kann dieselbe Technik anwenden, um Innenmauern oder reizvolle Sitznischen zu errichten.

ERHÖHTE BEETE
In erhöhten Beeten mit niedriegen Mauern aus Torfblöcken, gefüllt ebenfalls mit Torf, kann man Pflanzen, die sauren Boden lieben, auch in Gegenden mit alkalischem Boden ziehen.

begrenzen. Die Mauern können gerade, geschwungen, geschlossen oder durchbrochen sein, oder auch geschlängelt. In diesem Fall brauchen sie nur einen Ziegel stark zu sein, während jede andere Wand über 1 m Höhe mindestens 23 cm stark sein muß. Alte Backsteine mit starker Mörtelfüllung oder Feldsteine sehen sehr schön aus.

In der Mauerkrönung sollte in jedem Fall eine tiefe Pflanzmulde und in den Seitenwänden der Mauer sollten Pflanztaschen eingearbeitet sein. Für derartige Pflanzlöcher eignen sich alpine Steingewächse und einige niedrig wachsende Sträucher – eigentlich alle Pflanzen, die mit wenig Regenwasser auskommen und sich durch natürlich kompakten, aber kriechenden Wuchs auszeichnen; am besten kleinere Glockenblumen, alpine Phloxarten und Sonnenröschen.

Manchmal erzeugen sogar niedrigere Teilungselemente, wie zum Beispiel erhöhte Beete, das notwendige Gefühl einer Trennung zwischen zwei Bezirken. Diese Beete können von Backstein-, Holz- oder Steinmauern umgeben sein, aber Einfassungen aus Torfblöcken wirken vielleicht am romantischsten. Torfmauern bedecken sich in kurzer Zeit mit Moos und Flechten, welche, sobald sie ausgewachsen sind, dazu beitragen, die Torfblöcke zusammenzuhalten.

Da die Römer Teile des Hadrianwalls aus Grasplatten gebaut haben, ist nicht einzusehen, warum man nicht dasselbe tun sollte, wenn man eine eigene Wiese besitzt. Grassoden von 7,50 cm Dicke werden in 30 cm breite und 50 cm lange Platten geschnitten und zum Bauen von Mauern verwendet, die von der Basis bis zur Krone innen abgeschrägt sind. Die Grasplatten werden umgekehrt übereinandergelegt, und nach einigen Monaten können ihre Ober- und Seitenflächen wie eine Hecke mit der Heckenschere kurz geschoren oder mit der Sichel geschnitten werden. Man kann sie aber auch ungehindert wachsen lassen, womit man einen besonderen romantischen Effekt erzielt.

Hecken

Eine Hecke eignet sich gut als grüne Trennwand, braucht aber ziemlich lange, bis sie die gewünschte Höhe erreicht hat. Kurz geschnittene immergrüne Hecken aus Buchs oder Eiben, Ilex oder Zypressen sind stabil und dauerhaft. Auch Buchen können für eine Hecke verwendet werden, sie schauen aber im Winter eher recht spärlich aus. Hecken sollte man nur dort pflanzen, wo sie sich auf ihre volle Breite ausdehnen können – eine ausgewachsene Hecke von 2 m Höhe kann am Fuß 1 m breit werden. Nicht so streng gestaltete Hecken lassen sich aus blühenden Sträuchern und Strauchrosen zusammenstellen. Ihr Reiz liegt in ihrer ungebändigten Schönheit, ihren Blüten und ihrem Duft; nur haben sie den Nachteil, im Winter kahl zu sein. Kleinere Hecken können auch aus duftendem Lavendel oder Rosmarin geschaffen werden.

Pergolen

Pergolen aus kräftigen Säulen, mit Kletterpflanzen dicht bewachsen, sind herrliche romantische Gestaltungselemente. Sie haben die wichtige Funktion, dem Garten im Innern Struktur zu geben,

LINKS: *Diese Pergola, getragen von toskanischen Steinsäulen, ist prächtig geschmückt, aber ein wenig von wild wachsenden Kletterpflanzen überwuchert. Das verleiht der großartigen Szenerie einen etwas verlassenen romantischen Charakter, der noch durch den überquellenden Pflanzenwuchs verstärkt wird.*

indem sie verschiedene Bereiche miteinander verbinden – oder aber voneinander trennen – und einen kräftigen vertikalen Akzent setzen.

Pergolen aus kräftigen Säulen – entweder mit Stuck verkleidete Bruchsteinsäulen, wie man sie in Italien sieht, oder Ziegelpfeiler, wie sie Architekten wie Lutyens verwendet haben – können sogar ohne Schmuck sehr wirkungsvolle Gestaltungselemente sein. Je schwerer die Säulen sind, desto gewichtiger und kräftiger kann ihr Überbau sein. Die Säulen der Pergola sollten zwischen 2 m und 3 m auseinanderstehen und ihre Höhe sollte mindestens 2,20 m betragen, damit man sich darunter nicht beengt fühlt und die Kletterpflanzen ungehindert herunterhängen können.

Der Charme der Pergolen nimmt zweifellos zu, je dichter sie bewachsen sind, und diesen Prozeß kann man unterstützen, indem man ihren Über-

bau mit grobem Maschendraht überzieht. Am Anfang wird er zwar etwas störend wirken, aber schon bald wird sein Metallglanz verblassen, und er wird kaum noch zu sehen sein. Im Sommer werden ihn die Kletterrosen und die Blätter der *Vitis coignetiae* oder des goldenen Hopfens fast vollständig verdecken, während ihn auch im Winter ihre verschlungenen Zweige oder das Blattwerk immergrüner Kletterpflanzen hübsch verkleiden werden.

Spaziert man zu verschiedenen Tageszeiten durch eine Pergola, so erlebt man ganz unterschiedliche, Lichteffekte. Wenn der Gärtner mit diesen Wirkungen spielt, versucht er, die Wahrnehmung zu manipulieren und die Besucher auf sanfte Weise dazu zu verleiten, sich der Schönheit des Gartens hinzugeben. Eine Pergola ist am besten dort plaziert, wo die Gartenreise beginnt, um uns gleich am Anfang auf die Romantik einzustimmen, die der Garten für uns bereithält.

Laubengänge
Auch Laubengänge können eine Art Trennwand bilden und das Gefühl des angenehmen Umschlos-

OBEN: *Eine einfache Pergola aus gedrehten Holzbalken kann sehr wirkungsvoll sein, wenn sie Pflanzen wie die junge* Actinidia kolomikta *im Vordergrund und mehrere schöne Exemplare der* Wisteria sinensis *trägt, die an den Fuß der Balken gepflanzt worden sind.*

GIRLANDEN
Kletterpflanzen werden an Pfosten hochgezogen und beschnitten, um ihre Seitenzweige zum Wachstum anzuregen, die dann an Seilen oder Ketten befestigt werden.

BEPFLANZTE LAUBENGÄNGE:
Röhrenförmige, horizontal miteinander verbundene Stahlbögen können als Rahmen zum Ziehen von Pflanzen verwendet werden. Wenn sich die Pflanzen voll entwickelt haben, bilden sie bezaubernde Laubengänge.

senseins erzeugen. Große Bögen aus Metall werden über einen Weg geführt und der Länge nach mit Stäben aus dem gleichen Material verbunden. Die Hauptstämme der Bäume, die jeweils an den Fuß der Bögen gesetzt werden, werden hochgezogen, während man die seitlichen Äste so festbindet, daß sie in horizontaler Richtung wachsen. Wenn die vertikal wachsenden Hauptstämme in der Hohe zusammentreffen, bindet man sie entweder zusammen, oder aber man plattiert sie aneinander. Gleiches gilt für die horizontalen Zweige. Goldregen eignet sich besonders gut für Laubengänge, aber ebenso echter Wein, Glyzinen und Obstbäume.

Girlanden

In Pompeji und Herkulaneum gefundene Skulpturen, Malereien und Mosaike machen deutlich, daß die Römer gerne die dünnen Stiele von Kletterpflanzen um Stricke wanden, die sie dann in losen Girlanden herunterhängen ließen. Eine solche Kombination von Kunst und Natur ist höchst ansprechend und könnte vielleicht dort übernommen werden, wo man verschiedene Gartenbereiche unterteilen oder einen Ausblick visuell eingrenzen möchte.

Seile oder Ketten hängen in dekorativen Bögen an einer Säulenreihe. Die Pflanzen werden so aufgelegt, daß sie die Säulen hinaufklettern und an den Girlanden entlangwachsen. Efeu eignet sich für diese Art der Begrünung besonders gut, vor allem, wenn mehrere Girlanden zwischen einem Säulenpaar aufgehängt werden. Das verwendete Material können Holzpfosten und dicke Seile, Steinsäulen und bronzefarbene Ketten sein.

Begrünte Säulen oder Obelisken

In vielen Fällen verleiht ein vertikales Gestaltungselement, das auch als Sichtschutz oder Raumteiler verwendet werden kann, einem Garten zusätzlichen Reiz. Auch eine einzelne Säule oder ein eleganter Obelisk bieten einen herrlichen romantischen Anblick.

Am besten passen hölzerne oder gemauerte Säu-

BEPFLANZTE SÄULEN
Einzelne Säulen gestaltet man aus großen Stücken streng gestalteter und gemauerter Säulen oder einfach aus kräftigen Holzpfosten. Sie dienen als ausgezeichnete freistehende Träger für Kletterpflanzen.

OBELISKEN
Für Obelisken sollte man lieber ungehobelte als gehobelte Holzplatten verwenden, denn dann halten sich die Kletterpflanzen besser daran fest.

len, wobei man den Säulenfuß mit dickem, verzinktem Maschendraht umwickelt, wodurch Kletterpflanzen zum Hinaufklettern angeregt werden. Kletterrosen, Clematis und vor allem Geißblatt sehen bezaubernd aus, wenn sie an einzelnen Säulen auf diese Weise befestigt werden.

In streng gestalteten Gärten können Obelisken aus behauenem Stein sehr eindrucksvoll sein; für romantische Versionen bevorzugt man das Linienspiel von hölzernen oder geschweißten Stahlgittern. In vielen viktorianischen Gärten waren Obelisken ein beliebtes Stilmittel, und auch heute geben sie jedem Garten ein reizend altmodisches Aussehen.

Gitterobelisken bestehen aus vier einfachen Paneelen, die an kräftigen Stützpfosten zusammengehalten werden. Sogar in einem kleinen Garten sollte ein Obelisk, um richtig aufzufallen, vom Boden bis zur Spitze mindestens 2,20 m hoch sein. Soll er noch höher und eindrucksvoller erscheinen, kann er auf einen 50 cm hohen Würfel aus Stein oder Ziegeln gesetzt werden. Das hat außerdem den Vorteil, daß das Holz nicht mit dem Boden in Berührung kommt und deshalb nicht verrotten kann. Obelisken aus geschweißtem Weichstahl werden nach der gleichen Methode aus Paneelen konstruiert, wirken aber etwas leichter und luftiger. Welche Farbe man für sie auch auswählt, ein gründlicher Anstrich mit einer Rostschutzfarbe ist unbedingt notwendig.

DER SPAZIERGANG DURCH DEN GARTEN

Der Gang durch den Garten sollte wie eine Forschungsreise in einer geheimnisvollen und verwunschenen Atmosphäre erlebt werden. Die Wege sollten nicht zu gerade verlaufen oder formal zu streng wirken und sollten darüber hinaus aus reizvollen Materialien bestehen, die schon für sich ein schönes Bild abgeben. Wo immer möglich, sollen die Wegränder überwachsen sein, so daß sich die Wege harmonisch in die natürlichen Kon-

turen des Gartens einfügen. Wege auf steil abfallendem Gelände sollten sich wie Schafspuren langsam in immer wieder in sich zurückkehrenden Schleifen den Hang emporschlängeln. Wenn sie zu breit sind oder tiefe Aushebungen notwendig machen, wirken sie zu aufdringlich, obwohl ein gewisser Terrainausgleich für ein angenehmes Gehen von Vorteil ist.

Wege
Wege, die häufig benutzt oder für den Transport verwendet werden, müssen einen harten Belag erhalten. Die Auswahl des Materials sollte man von der Geologie der Gegend abhängig machen und sich an die dort vorkommenden Materialien

OBEN: *Dieser entzückende, unregelmäßige Weg aus alten Ziegeln wird auf aparte Weise von den gemischen Beeten begleitet, durch die er sich schlängelt. Etagenprimeln, Walisische Mohnblumen (Meconopsis cambrica), Lilien, Königsform und Stinkkohl. (Symplicarpus foetidus) machen sich den Platz streitig und bezaubern durch die wunderbare Vielfalt ihrer Blatt- und Blütenformen und Farben.*

RECHTS: *Kieselsteine der Gegend sind hier für ein originelles und dekoratives Pflaster am Zugang zu dieser reizenden buckligen Brücke und zum Bau ihrer Mauern verwendet worden. Der Bogen wurde aus Backsteinen konstruiert und über ein Stück gebogenes Wellblech modelt, das man nach dem Trocknen des Mörtels wieder entfernt hat. Sie verbindet zwei Teile eines wundervoll romantischen Gartens (abgebildet auf Seite 96-101).*

halten. Deshalb ist etwa Marmor für viele unserer Gärten ungeeignet, aber auch mit alten Ziegeln und verwitterten Steinen lassen sich herrliche Wege pflastern. In kurzer Zeit sehen sie aus, als seien sie schon vor Jahrhunderten angelegt worden, insbesondere, wenn hier und da einige Spalten zwischen den Elementen nicht auszementiert werden, so daß Pflanzen darin Wurzeln schlagen können.

Ziegelsteine können in einem Dutzend verschiedener Muster gelegt werden, vorzugsweise jedoch immer hochkant. Man sollte immer frostfeste Ziegel auswählen, die nicht splittern und zerbröckeln, wenn Wasser eindringt und gefriert. Wenn alte oder handgearbeitete Ziegel nicht erhältlich sind,

so wird heute ein großes Sortiment »antiker« Ziegel hergestellt, die am Boden leichter eine Alterspatina annehmen, als wenn man sie für eine Mauer verwendet.

Will man ganz ausgefallene Muster legen, muß man große unregelmäßige Stücke aus altem Stein zur Verfügung haben. Eine ruhigere Wirkung läßt sich mit rechteckigen Platten aus verwittertem Stein erzeugen. Die Anschaffung wie auch das Verlegen dieser Steine ist teuer, aber sie bilden ohne Zweifel den ästhetisch überzeugendsten Wegbelag und Hintergrund für Pflanzen in unseren Breiten. Platten aus Stein oder sogar aus Beton können interessant wirken, wenn sie in Verbindung mit anderen Materialien verwendet werden, indem man etwa den Plattenbelag mit Ziegelsteinreihen oder dünnen Holzstreifen durchzieht. Grundsätzlich sollten aber nicht mehr als zwei Materialien miteinander verbunden werden, um den Weg oder die Terrasse nicht zu unruhig wirken zu lassen.

In Gärten in warmen Klimaten können dicke handgearbeitete Terrakottafliesen ein schöner Ersatz für Stein sein. Man sollte vielleicht damit eine Terrasse belegen, wenn das gleiche Material auch im Innern des Hauses oder im Wintergarten verwendet wird. In nördlicheren Gegenden sind Holzbeläge geeigneter. Wenn Sie Kontakt mit einem Sägewerk haben, können Sie eventuell die engeren Wege in Ihrem Garten mit Klötzen oder Scheiben aus Holz belegen. Ein anderes kleinformatiges Material sind größere Kieselsteine, in verschiedenen Mustern verlegt, Granitwürfel oder andere feste Materialien.

Sehr feine Felsstückchen oder sehr grobkörniger Sand in grauen oder gedämpften Rot- oder Ockertönen sind ein gutes Befestigungsmaterial für Wege durch romantische Gärten. Wenn der Bereich, der belegt werden soll, nicht zu breit ist, können auch die bepflanzten Bereiche mit ihm versehen werden; so wird das Unkraut unterdrückt, und der Weg muß nicht mehr streng eingefaßt werden. Sobald sich das lose Material gesetzt und eine feste Decke gebildet hat, wirken die Wege

so, als seien sie von Generationen von Wanderern glatt getreten worden. Falls die Drainage ein Problem ist, können verwitterte Steinplatten an strategisch günstigen Stellen in den Sand eingelassen werden, wobei darauf geachtet werden muß, daß ihre Oberfläche bündig mit der Oberfläche des Belags abschließt. Sind große Partien dieser Art notwendig, kann man sie so herrichten, daß sie wie die Fundamente alter, wieder entdeckter Gebäude aussehen.

Materialien wie die letztgenannten schaffen relativ weiche trockene Wege, die romantischer als viele andere Böden aussehen. Natürliche Wege dieser Art findet man häufig im Wald, wo über viele Jahre hin dicke Regentropfen von den Bäumen die gröberen Partikel im Boden haben an die Oberfläche treten lassen. Dieser Effekt kann auch mit Rindenstückchen erzeugt werden, die es heute in unterschiedlicher Größe gibt. Rindenstückchen und Kies können auf schwarze Plastikbahnen aufgebracht werden, die an sich zwar äußerst unromantisch sind, jedoch den Vorteil haben, daß sich kein Unkraut darunter ausbreiten kann. Unerläßlich ist aber, daß die Plastikfolie niemals zu sehen sein darf, da sonst die ganze Illusion zerstört würde.

Sich auf einem Sandboden zu bewegen verursacht, vor allem, wenn man ihn von einem harten Boden aus betritt, eine geradezu magische Stimmung. Das Geräusch der Schritte wird in einem solchen Moment abgedämpft und die typischen romantischen Klänge wie Vogelgezwitscher und das Rauschen der Blätter im Wind werden deutlich wahrnehmbar.

Graswege bilden einen herrlichen Kontrast, wenn man sie von einer gepflasterten Terrasse aus betritt; sie bieten einen hübschen Anblick, wenn sie gut drainiert sind und nicht zu stark beansprucht werden. Während ein kleines, gemähtes

LINKS: Ein einfacher gemähter Grasweg eignet sich vorzüglich als Durchgang durch frei gestaltete Gartenteile. Nichts dürfte hier anders sein, wo im Frühling Schlüsselblumen und heimisch gewordene Narzissen eine bezaubernde Wildblumenwiese beherrschen.

Rasenstück vielleicht recht gut in die Nähe eines Hauses paßt, benötigen mit Gras bewachsene Bereiche, wie die Lichtungen in den Laubhöhlen, romantischere Pflanzendecken, etwa aus Wildblumen oder Primeln, duftendem Thymian oder Kamille. Eine ungewöhnlich schöne Alternative zur Blumenwiese besteht darin, Gruppen aus ornamentalen Gräsern zu pflanzen. Drei von ihnen sind besonders wertvoll: *Holcus mollis* ›Variegatus‹ hat ein panaschiertes graugrün-cremefarbenes Laub und breitet sich schnell zu einer leuchtenden Wiese aus, wenn es im Abstand von 25 cm gepflanzt wird. *Sisyrinchium angustifolium*, das blauäugige Gras, ist ein winziges Mitglied der Irisfamilie mit grasähnlichen Blatthalmen, das im Frühsommer leuchtend blaue Blüten hervorbringt. Es breitet sich eher langsam aus und muß im Abstand von 15 cm gepflanzt werden. Pflanzt man *Festuca glauca* in ähnlich großen Abständen, dann bildet sie bald eine Wiese, die sich wie ein silbrig blauer Nebel vor dem Auge ausbreitet.

Treppen

Verschiedene Ebenen durch Stufen zu verbinden, kann dem Garten eine vertikale Dynamik verleihen. Sobald man aber Bereiche mit verschiedenen Materialien – zum Beispiel eine Terrasse und einen Weg – miteinander verbinden will, muß man sehr vorsichtig vorgehen. Kommt man von einer rechteckig gepflasterten Terrasse, vielleicht mit einer verfallenen, von einer Glyzine umschlungenen Balustrade, die aussieht wie der Überrest einer ehemals größeren Anlage, dann sollten auch die Stufen diesen romantischen Charakter widerspiegeln. Während die Steigung der Stufen aus Blöcken mit Spalten und Rissen bestehen dürfen, wodurch Raum für Pflanzen wie *Coradalis lutea*, *Campanula muralis* oder winzige Steinnelken entsteht, sollten die Auftritte selbst eben und fest sein.

Sowohl Ziegel als auch Stein, oder auch beide Materialien kombiniert, können verwendet werden. Die Stufen in einem Garten sollten leicht zu begehen, also nicht zu flach sein. Die gleichen Regeln gelten auch für weniger streng angelegte

Stufen, die folgendermaßen aussehen können: man nimmt kräftige Holzbohlen als Steigungen, fixiert sie an den Seiten mit dicken Stahlstäben, verankert diese im Boden und unterlegt das Ganze mit Erde und Kies. In einem Waldgebiet können Stücke von Stämmen statt Bauholz verwendet werden. Ein Überzug aus Maschendraht, der bald unter einer Schicht von Erde und Blättern verschwindet, verhindert, daß die Stufen bei nassem Wetter schlüpfrig werden.

Brücken

Bei einem Rundgang durch den Garten ist es besonders romantisch und geheimnisvoll, über Wasser zu wandeln und in seine Tiefe zu schauen; es ist ein wenig so, als würde man fliegen. Man sollte versuchen, dieses Gefühl in seinen Garten einzubringen. Eine Möglichkeit besteht darin, eine Brücke zu bauen, die sich über die Ecke eines kleinen Teiches spannt oder ein kleines Flüßchen überquert.

Einfache Brücken über kleine Wasseranlagen können aus nur zwei parallel gelegten massiven Holzbalken bestehen, die mit querlaufenden starken Holzbrettern versehen und an jedem Ende von einem Stein oder einer Betonplattform getragen werden. Falls es keine allzu schlimmen Folgen hat, wenn man von ihnen hinab ins Wasser fällt, benötigen sie keinerlei Geländer. Falls doch eines gewünscht wird, kann es an Pfosten, die man in die Halteplattform der Brücke einläßt, aufgehängt werden. Winzige Bäche lassen sich häufig in der Weise überbrücken, daß man einfach einen großen flachen Stein, der ungefähr 2,5 bis 5 cm über die Wasseroberfläche reicht, zwischen die beiden Ufer legt. Selbst wenn man nur auf so einem kleinen Fleckchen wie diesem Stein steht, über-

LINKS: Alt wirkende Steinstufen, überwachsen und uneben, bieten immer einen romantischen Anblick. Wenn möglich, sollten Treppenfluchten, Wege oder Wasserläufe im Bogen hinter Trennwände aus Blatt- oder Mauerwerk geführt werden. Auf diese Weise werden die Besucher angelockt, weiterzugehen und zu schauen, was dahinter liegt.

kommt einen ein angenehmes, ganz eigenartiges Gefühl. Wirklich romantische Holzbrücken herzustellen – wie die Brücke, die wir von Monets Gemälden seines Seerosen-Gartens kennen –, die häufig gewölbt sind und ein eher ländliches Aussehen haben, verlangt hohe Handwerkskunst. Sie sind jedoch meist ihren Preis wert, da sie außergewöhnlich reizvoll wirken. Ganz einfache Brücken oder Stege lassen sich aber auch romantisch gestalten, wenn man sie zum Beispiel als Basis für eine Pergola verwendet, die man von einer Glyzine oder Clematis beranken läßt.

ATMOSPHÄRISCHE WIRKUNGEN

Um im Garten eine romantische Atmosphäre zu schaffen und zu bewahren, muß man subtil und überlegt zu Werke gehen. Es bedarf keines Hinweises, daß etwas ganz Neues niemals romantisch wirken wird. Neues Holz für die Bauten sollte gebeizt werden, um es älter wirken zu lassen. Gedämpfte Braun- und sehr dunkle, matte Grüntöne sind geeignete Farben, aber auch manche Blautöne sind sehr reizvoll. Wenn möglich, sollte immer altes Holz verwendet werden; es muß aber

BRÜCKEN
Über fließendem Wasser zu stehen, ist immer eine romantische Erfahrung. In einem kleinen Garten läßt sich dieses Gefühl mit einem Felsbrocken erzielen, der über einen kleinen Bach gelegt wird. Ein breiter, gewölbter Übergang über größere Wasserflächen kann mit einer bepflanzten Pergola geschmückt werden.

Eine einfache Holzbrücke kann besonders einladend wirken, wenn die Planken in Querrichtung zum Fluß oder Bach verlaufen. Sie sollten mit einem stabilen Holzrahmen verschraubt sein, dessen unterster in Längsrichtung verlaufender Teil bogenförmig zugeschnitten werden kann, um der Brücke, von der Seite gesehen, eine hübsche Form zu verleihen.

55

MONDLICHT
*Eindrucksvolle Elemente wie
Statuen sollten so aufgestellt
werden, daß sie in klaren
Nächten zumindest teilweise
vom Mond beschienen werden.*

KERZENLICHT
*In dunklen Nächten kann eine
einzige Kerze ein recht großes
Stück Garten mit dem Zauber
ihres sanft flackernden Lichts
erhellen.*

KONTRAST
*So wie interessante Kontraste
zwischen Pflanzenfarben und
-formen wichtig sind, sollte der
Garten auch in seiner Gesamt-
heit kontrastierende Licht- und
Schattenbereiche schaffen.
Dichtes dunkles Gebüsch sollte
etwa sonnige Lichtungen
umfassen.*

selbstverständlich gesund sein. Holzplanken, die viele Jahre dem Wetter ausgesetzt waren, und bei denen die Maserung wie ein Relief hervortritt, sehen wunderbar aus.

Wenn neue Steine oder Ziegel verwendet werden müssen, sollten sie mit Joghurt oder mit Wasser verdünntem Kuhdung bestrichen werden, um das Wachstum von Moosen und Flechten anzuregen und den Alterungsprozeß zu beschleunigen. Auf keinen Fall sollten kräftigfarbene moderne Plastikmöbel oder Gegenstände wie motorbetriebene Grillanlagen die Atmosphäre des Gartens zerstören. Ebenso wie der Gebrauch unaufdringlich dunkelfarbiger Materialien kann auch der feine Kontrast von hellen und dunklen Effekten sowohl bei Tag als auch bei Nacht eine besondere Atmosphäre schaffen, wie es etwa der Fall sein kann, wenn man in kühleren Klimaten die Atmosphäre südlicher Landstriche suggeriert.

Hell und dunkel

Durch Farbkontraste bei den Pflanzen kann man dramatische Effekte erzielen, welche noch dadurch verstärkt werden, daß der Weg durch den Garten mit Licht- und Schattenkontrasten belebt wird. Eine dunkle Bepflanzung im Vordergrund, zum Beispiel mit immergrünem Schneeball und Ilex, sollte unterbrochen werden und den Blick auf einen hellen zentralen Bereich freigeben, vielleicht auf die blassen Farben eines frühen Sommerbeetes mit den ersten Rosen und Rittersporn, Glockenblumen und Iris. Vergleichbar damit wird eine helle, Statue einen wunderbaren Kontrast zu einem Hintergrund aus alten Eiben bilden.

Hell- und Dunkeleffekte werden bei Nacht verstärkt und selbst alltägliche Gärten wirken im Mondlicht an einem lauen Sommerabend höchst romantisch. Die Luft ist voll von Düften, die blassen Farben leuchten viel stärker als am Tage, und die wunderbar silbrige Qualität des Lichts verklärt die einzelnen Bestandteile des Gartens.

In warmen mondlosen Nächten kann eine Gartenbeleuchtung aushelfen, die gewisse Elemente hervorheben sollte, um die Aufmerksamkeit noch tiefer in den Garten zu ziehen und seinen Zauber und sein Geheimnis zu bewahren. Wenn Sie in Ihrem Garten nicht nur das einfachste Beleuchtungssystem anbringen wollen, dann sollten Sie unbedingt einen Spezialisten zu Hilfe nehmen, denn eine elektrische Anlage ist im Garten genauso gefährlich wie anderswo, wenn sie nicht ordentlich angebracht wird. Die technischen Details sollten möglichst nicht sichtbar sein: gesicherte Kabel sollten mindestens 50 cm tief und am geschicktesten am Rande eines Weges eingegraben werden, daß man sie bequem reparieren kann, und die einzelnen Lichtquellen sollten unauffällig so angebracht werden, daß sie am Tag nicht stören und man in der Nacht nicht von ihnen geblendet wird.

Grundsätzlich gilt, daß ein Garten eigentlich niemals zu wenig beleuchtet sein kann. Ausschließlich Birnen mit geringer Wattzahl sollten verwendet werden, und es ist viel wirkungsvoller, nur ein Element anzustrahlen – zum Beispiel das Innere der Krone eines besonderen Baumes. Natriumlampen wirken wärmer als Quecksilberlampen mit ihrem fast blauen Licht. Die Lichtquellen können auch bewegt werden, vor allem, wenn der Elektriker Ihnen ein sicheres und flexibles System installiert hat. Manchmal kann das Anstrahlen eines nicht fest begrenzten Gartenstücks mit diffusem grünen Licht geringer Stärke aufregend wirken, obwohl im allgemeinen eine differenzierte

Beleuchtung die romantischsten Wirkungen erzielt. Überlegt plaziert Kerzen, obwohl von schwacher Leuchtkraft, können interessante Pflanzenformen als Silhouette erscheinen lassen. Da sie im Wind flackern, werden sie auch reizvolle Schattenwirkungen hervorbringen.

Exotische Romantik

Die Erinnerung an glückliche, sonnige Zeiten und an schönen Orten verbrachte Ferien ist ein intensives Gefühl, das man selbst in dem dunkelsten romantischen Garten durch entsprechende Gestaltung hervorrufen kann. Kunstgegenstände wie Teile von Amphoren von der ägäischen Küste oder gewaltige Tonkrüge aus Spanien oder Mexiko können dazu benutzt werden. Man sollte dafür besondere Bereiche, etwa sonnige Terrassen, vorsehen und sie mit exotischen Pflanzen, wie Chusapalmen oder Treibhauspflanzen wie Bougainvillea oder Plumeria begrünen. Auch könnte man Kräuter der Mittelmeerländer anpflanzen, die in der vollen Sonne ihren Duft entfalten und mit ihm Erinnerungen an herrliche Ferientage wachrufen. Solche Gartenbereiche mögen auch dazu anregen, über die alte Welt nachzusinnen, die wir uns so unschuldig denken, und die Geschichten wie die von Daphnis und Chloe hervorgebracht hat – alles Anregungen, die wunderbar mit den Idealen der romantischen Bewegung übereinstimmen.

WARME ERINNERUNGEN
Eine Terrasse, die die Sonne einfängt, kann mit Amphoren aus Tontöpfen voll hängender Geranien und mit Pflanzen mit exotischem Blattwerk geschmückt und mit Terrakottafliesen gepflastert werden. Sogar in kalten Klimaten vermag ein solches Plätzchen schöne Erinnerungen an wärmere Orte hervorrufen.

Ein Garten auf Inseln

In diesem großen Garten sind kleine romantische Gartenräume geschaffen worden, darunter auch eine Laube aus zwei Kletterrosen ›Constance Spry‹, die über einen einfachen Rahmen um eine Steinbank wachsen. Rosen (rechts) hängen wie Kaskaden über reich bepflanzte Rabatten am Rande der Grasallee in der Mitte des Gartens. Zusammen mit zwei Koniferen wie Schildwachen bilden sie einen gelungenen Rahmen für die klassische Büste am Ende des Durchblicks.

Eine Wasserschloßanlage, deren einer alter Turm noch steht und einen Teil des neueren Gutshauses bildet, könnte als etwas abweisend empfunden werden. Diesen Eindruck wollten die Besitzer vermeiden, und versuchten im Gegenteil alle romantischen Wirkungen, die in dem alten Mauerwerk und dem ruhigen, spiegelnden Wasser liegen, auszuschöpfen. Jetzt dient das Mauerwerk als wunderbarer Hintergrund für eine erstaunliche Pracht blühender Pflanzen während des ganzen Jahres.

Das Haus steht auf einer rechteckigen Insel und ist von einem Stück Garten umgeben, das durch eine Holzbrücke mit einer zweiten größeren Garteninsel verbunden ist. Obwohl beide Garteninseln streng gestaltet sind, wurde durch die Pracht der Bepflanzung jede Steifheit verbannt. Wandert man durch diese Gärten, dann ist man wie von einem Dschungel aus Blättern und Blüten umgeben und spürt nichts mehr von einem Plan.

Was die praktische Seite anbelangt, wurden große Bereiche in der Nähe des Hauses gepflastert, so daß man sich dort trockenen Fußes bewegen kann und im Sommer einen angenehmen Eßplatz im Freien hat. Die Regelmäßigkeit des Pflasters wird von einer Reihe Zwergfichten (*Picea glauca* ›Albertina Conica‹) am Kanal wieder aufgenommen, die nur langsam wachsen und keinen Schnitt benötigen, um ihre elegante konische Form beizubehalten.

Ein größeres und drei kleinere rechteckige Beete (zwei davon mit strengen niedrigen Buchshecken) unterteilen die Terrasse, während sich vor dem Turm ein Hof mit eigenem Pflaster befindet, der auf zwei Seiten von hohen Hecken umgeben ist.

Die Pflanzenfülle in dem großen Beet und die vielen Kletterpflanzen – vor allem Rosen und Clematis – sind hier das vorherrschende Element. Sie wird noch durch eine niedrige Rabatte krautartiger Pflanzen verstärkt, zu denen weißes Geranium, blaue Glockenblumen und Allium zählen. Dazwischen lenken Sträucher (*Escallonia* ›Apple Blossom‹) den Blick in die Höhe.

Nachdem der Besucher die Brücke überquert hat, so stößt er nach kurzer Zeit auf vier kleine,

aus Grasalleen bestehende Rechtecke, die von hohen Hecken eingefaßt sind. An der Kreuzung der Alleen wurden die Hecken weiter auseinandergepflanzt. Auf diese Weise ist ein kreisförmiger Bereich entstanden, in dessen Mitte sich eine erhöhte Steinurne befindet.

Jeder dieser fünf einzelnen kleinen, ganz verschiedenen Gärten hat seinen ganz eigenen Charakter. Einer von ihnen ist dicht mit Stauden wie etwa Rittersporen bepflanzt, während der Nachbargarten eine schlichte grüne Basilika mit einem einfachen Sitzplatz am Rand und einer niedrigen Steinsäule mitten auf einem grünen Rasenteppich bildet.

Herrschen im dritten Rechteck blühende Sträu-

OBEN: Die eleganten Formen der altmodischen Rosen ›Veilchenblau‹ und ›François Juranville‹ schmücken die Holzbrücke, die das Haus mit dem Garten über den Wassergraben verbindet, als Klettergerüst.

RECHTS: Erst wenn man den Wassergraben entlangblickt, ermißt man die Wirkung der hohen Bäume, die den Garten umschließen und einen dunklen kontrastierenden Hintergrund für die Rosen bilden.

EIN GARTEN AUF INSELN

In diesem Teil des Rosengartens dürfen die Pflanzen ihre volle Größe erreichen. Wenn sie sich so frei entfalten können, bilden die Kletterrosen gewaltige Sturzwellen, die zur Zeit der Blüte von atemberaubender Wirkung sind und früher oder später im Jahr wunderbare Laubhöhlen bilden.

cher vor, sind es im vierten die Rosen, die überall in den bepflanzten Bereichen dominieren.

Die Besitzer haben ihre Hunderte von Rosen danach ausgesucht, ob sie kräftig sind und in das klassische alte Rosenbild passen. Sogar die relativ moderne Strauchrose ›Constance Spry‹ hat das Aussehen und den Duft einer Kohlrose aus dem neunzehnten Jahrhundert. Aber es sind die berühmten Sorten des vergangenen Jahrhunderts, wie zum Beispiel die Bourbonrose ›Zéphirine Drouhin‹ mit ihren kirschroten Blüten, die einen Ehrenplatz in diesem Garten einnehmen.

ALPHABETISCHE LISTE DER PLANZEN

Abelia × grandiflora
Akebia quinata
Alchemilla mollis
Allium aflatunense
Anemone japonica
A. nemorosa
Artemesia absinthium
›Lambrook Silver‹
Arum italicum
›Marmoratum‹
Bergenia ›Silberlicht‹
Buxus sempervirens
Campanula burghalti
C. lactiflora
Carpinus betulus
Ceanothus ›Gloire de Versailles‹
Choisya ternata
Chrysanthemum corymbosum
C. serotinum

Clematis alpina
C. fargesii
C. macropetala ›Rubra‹
C. texensis ›Etoile Rose‹
C. viticella ›Alba Luxurians‹
C. ›Comtesse de Bouchaud‹
C. ›Mme. Julia Correvon‹
C. ›Perle d'Azur‹
C. ›Yellow Queen‹
Cornus florida
C. kousa
Corylopsis spicata
Corylus avellana
Crocus chrysanthus
Delphinium ›Blue Triomphator‹
D ›F. W. Smith‹
D ›Finsteraarhorn‹
Dicentra spectabilis
Enkianthus campanulatus
Eranthis hiemalus
Escallonia ›Donard Seedling‹
Euonymus alatus
Euphorbia palustris

E. wulfenii
Fritillaria imperialis
Fuchsia magellanica
Galanthus nivalis
Geranium endressii
G. macrorrhizum
G. m. ›Album‹
G. pratense
Geum rivale
Ginkgo biloba
Gleditsia triacanthos
Hamamelis intermedia
›Ruby Glow‹
H. mollis
Helleborus foetidus
H. niger
H. orientalis
Hosta fortunei
›Aureomarginata‹
H. sieboldiana
Hydrangea arborescens
H. macrophylla
H. paniculata ›Grandiflora‹
H. petiolaris
Iris foetidissima
I. unguicularis
Jasminum officinale
Juniperus communis ›Suecica‹

Leucojum vernum
Lysimachia punctata
Magnolia × soulangeana
Malus floribunda
M. ›John Downie‹
Meconopsis betonicifolia
Nothofagus antarctica
Paeonia lutea ›Ludlowii‹
P. suffruticosa
Parthenocissus tricuspidata
Petasites fragrans
Phlox paniculata ›Lavendelwolke‹
Picea glauca ›Albertiana Conica‹
Pieris ›Forest Flame‹
Polygonum campanulatum
P. macrophyllum
Populus nigra
Primula auricula
P. florindae
P. veris
Prunus cerasifera ›Atropurpurea‹
P. serrulata ›Amanogawa‹
P. subhirtella ›Autumnalis‹
Pyrus salicifolia
Rhododendron lutescens
R. micranthum
Rosa × alba ›Semi-plena‹
R. californica ›Plena‹
R. centifolia ›Muscosa‹
R. ›Constance Spry‹
R. damascena
R. × dupontii
R. eglanteria
R. filipes ›Kiftsgate‹
R. ›François Juranville‹
R. gallica
R. g. ›Officinalis‹
R. g. ›Versicolor‹
R. moschata
R. multiflora
R. muscosa
R. ›Pink Cloud‹
R. rubiginosa
R. spinosissima
R. ›Veilchenblau‹
R. willmottiae
R. ›Zephirine Drouhin‹
Ruta graveolens
Salvia pratensis
Sarcococca humilis
Saxifraga cortusifolia
Scabiosa columbaria
Solanum jasminoides
Sorbus vilmorinii
Syringa microphylla ›Superba‹
Tamarix tetandra
Taxus baccata
Tulipa sylvestris
Ulmus minor ›Wredei‹
Viburnum × bodnantense
V. plicatum ›Mariesii‹
V. tinus
Vinca minor
Viola cornuta

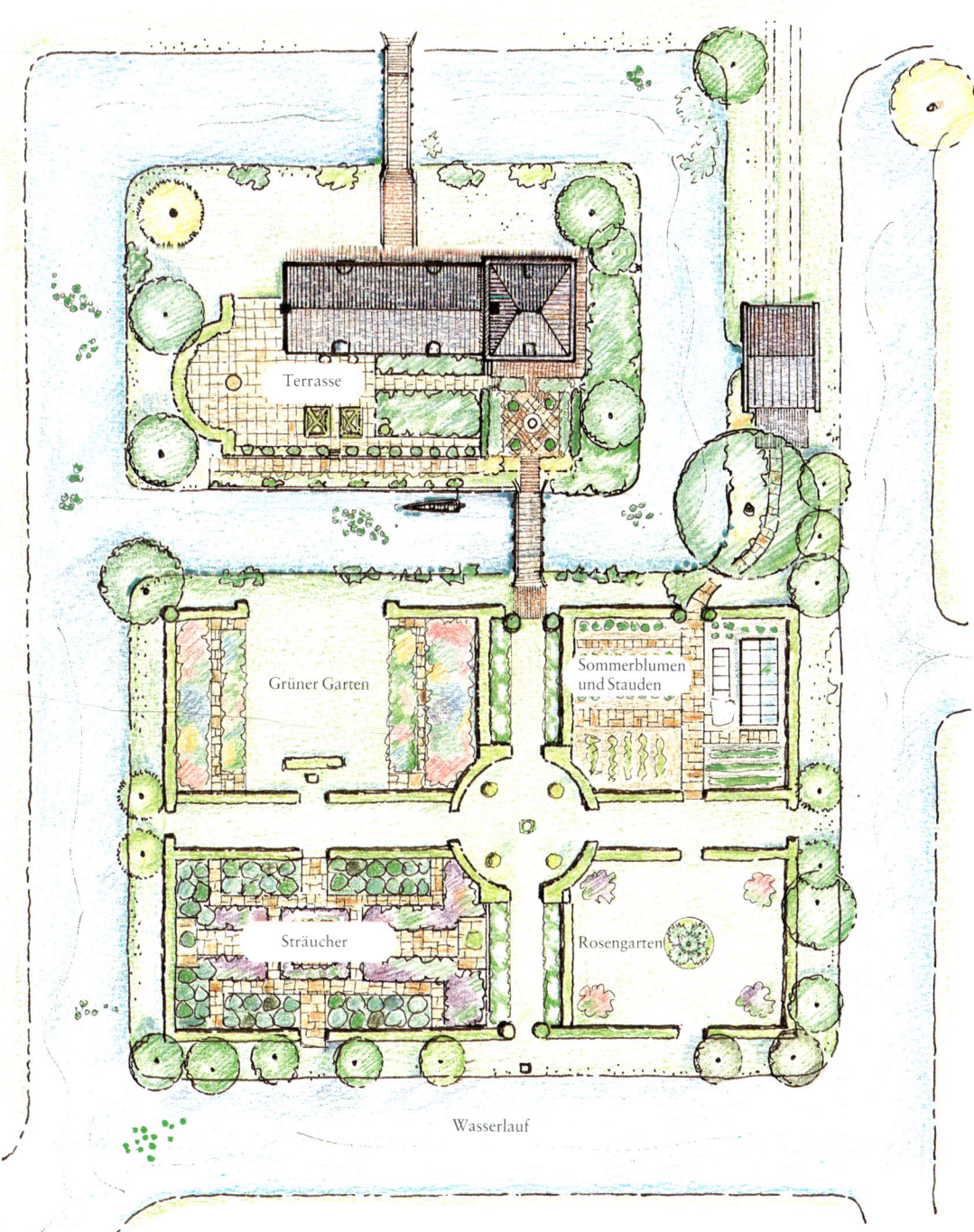

Ein abgeschiedener Garten

Dieser herrliche Garten besteht in Wirklichkeit aus einer Reihe von Lichtungen, umgeben von Laubhöhlen, die von alten Bäumen gebildet und noch durch eine üppige Randbepflanzung betont werden. Ein vorwiegend dunkelgrüner Hintergrund wurde durch silberne Grüntöne aufgehellt, um das Bild abwechslungsreicher und interessanter zu gestalten. Eine einfache weiße Bank (rechts) lockt das Auge in das Herz des Gartens hinein. Obwohl der Planer ein recht strenges Pflanzschema verwendet hat, erzeugt er mit seiner Auswahl und Plazierung der Pflanzen eine wahrhaft geheimnisvolle und romantische Atmosphäre.

Die Lage ist typisch für viele Gärten, die man etwas außerhalb großer Städte findet. Dort gibt es häufig alte Bäume, die entlang der Gartengrenzen gepflanzt wurden, als das Land aufgeteilt und bebaut wurde. Auf diese Weise sind hier Grundstücke entstanden, die durch Trennwände aus schönen alten Bäumen zum Nachbarn hin abgeschirmt sind, wodurch eine der Hauptaufgaben eines romantischen Gärtners schon erfüllt ist – eine Atmosphäre der Abgeschlossenheit und des Privaten zu erzeugen.

Dieser Garten wurde vor allem dadurch verändert, daß man große Beete mit Sträuchern, Bäumen und krautartigen Pflanzen angelegt hat, die von den Rändern her in die Rasenmitte hineinragen. Dadurch entsteht eine Reihe von Laubhöhlen mit offenen Rasenlichtungen in ihrem Inneren. Sie alle können aber erst in ihrer vollen Schönheit wahrgenommen werden, wenn man sie betreten hat.

Direkt am Haus befindet sich eine Sitzterrasse, die vom Rasen teilweise durch eine lockere Hecke aus Rosen abgeschirmt wird, in der sich ein ebenfalls mit Rosen bewachsener rustikaler Bogen aus Pfählen erhebt. Ein Holzstuhl soll den Besucher zum Verweilen einladen und sein Auge an einen der verschwiegenen Plätze weiter unten im Garten locken. An einer anderen Stelle kontrastiert die helle Farbe einer weiblichen Renaissancebüste aus Stein mit einer dunklen Laubhöhle dahinter.

Aber der eigentliche Zauber und die wahre Romantik dieses Gartens beruhen zu einem großen Teil auf der großartigen Auswahl der Pflanzen und der sehr überlegten Art und Weise, mit der sie gepflanzt worden sind. Alle ihre charakteristischen Eigenschaften der Form, des Umrisses und der Farbe wurden geschickt ausgenutzt; hohe, stachelige und aufrechtwachsende dekorative Disteln wie *Onopordum* sind als Markierung an die Eingänge der Höhlen gepflanzt, aber ein freier Blick durch die Öffnung wird durch die locker herunterhängenden Wedel und das neblig silberne Laub der beiden Trauerbirnen verschleiert.

Efeu und Clematis wurden ermuntert, an den

Purpurblättrige Salvien, hoch aufragende majestätische Fingerhüte, duftiger Baumwolllavendel und breitblättriger Frauenmantel, dichtgedrängt zu Füßen alter, in Knospe stehender Rosen, sorgen in jeder Höhe der gemischten Rabatte für Farbe und Abwechslung.

Terrass...

Baumstämmen emporzuklettern und in die Kronen einiger hoher Bäume hineinzuwachsen. Und anstatt die Überreste eines riesigen alten Baumes vollständig zu entfernen, der seine Krone in einem Sturm eingebüßt hat, wurden 6 m seines kahlen Stammes als gewaltiger Kletterpfosten für einen russischen Wein (*Polygonum baldschuanicum*) stehengelassen, der ihn in einen beeindruckenden grünen Totempfahl verwandelt hat und alle Blicke auf sich zieht.

Den Hintergrund für die farbigen Blumen bilden Sträucher und Stauden mit dunkelgrünem Blattwerk, die man vorsichtig mit Flächen aus grauen, silbernen und helleren Grüntönen aufgelockert hat, und die nur gelegentlich von einigen kleinen Flecken eines leidenschaftlichen Rots unterbrochen werden. Von einigen Ausnahmen abgesehen – wo der Plan eine etwas ausgefallenere Farbe wie ein Zitronengelb verlangt – wurden Pflanzen mit blasseren Blau- und Rosatönen und den durchsichtigsten Weißtönen ausgewählt.

Da Rosen als die Blumen gelten, die am romantischsten wirken, wurde der Garten überreich mit ihnen bepflanzt. Weil sie nur mit der Absicht beschnitten werden, ihre Blütenentwicklung zu fördern, haben sie sich überall im Garten ausgebreitet – einzelne Sträucher, die sich zu hohen, gewölbten Dickichten entwickelt haben, und Kletterpflanzen, die alles in ihrer Reichweite zu umranken und zu ersticken drohen. Im Sommer tauchen sie den Garten in ein gewaltiges, sinnverwirrendes Blütenmeer.

LISTE DER PFLANZEN

TERRASSE
Aesculus hippocastanum
Viburnum tinus
Crambe cordifolia
Paeonia lutea
Choysia ternata
Rosa ›Canary Bird‹
Lavandula spica
Buxus sempervirens
Clematis montana
Ceanothus ›Cascade‹
Wisteria sinensis
Rosa ›Fantin Latour‹
Alchemilla mollis

1. LICHTUNG
Pyrus communis
Magnolia × soulangeana
Viburnum opulus
Pyracantha rogersiana
Viburnum burkwoodii
Lonicera serotina und
L. belgica
als freistehende Bäume
gezogene Rosen, z. B. ›Fritz
Nobis‹, ›Dreaming spire‹,
›Mme Isaac Perriere‹,
›Iceberg‹, ›Nozomi‹, ›Queen
of Denmark‹,
Helichrysum angustifolium
Agapanthus umbellatus
Geranium-Arten

2. LICHTUNG
Pyrus salicifolia ›Pendula‹
Viburnum plicatum
›Mariesii‹
Syringa persica und *S.* ›Blue
Hyacinth‹
Forsythia suspensa
Polygonum baldschuanicum
Cercis siliquastrum ›Album‹
Taxus baccata (als Hecke)
Cupressus-Arten
Senecio greyi
Osmanthus delavayi
Stachys ›Silver carpet‹
Hosta glauca
Buddleia alternifolia
Rosen, z. B.:
*R. spinosissima, R.
rubrifolia, R. gallica*, ›Mme
Louis Laperriere‹, ›Buff
Beauty‹, ›Nevada‹, ›Paul's
Lemon Pillar‹, ›Cecile
Brunner‹, ›New Dawn‹,
›Iceberg‹

3. LICHTUNG
Pyrus communis
Syringa-Arten
Prunus subhirtella
›Autumnalis‹
Philadelphus virginale
Aucuba japonica
Laburnum voisii
Ribes album

Acer pseudoplatanus
Tilia euchlora
Hydrangea petiolaris
Crataegus-Arten,
Azaleen, z. B.: ›Christopher
Wren‹, ›Mollis‹, ›Toucan‹,
Rosa ›Zephirine Drouhin‹

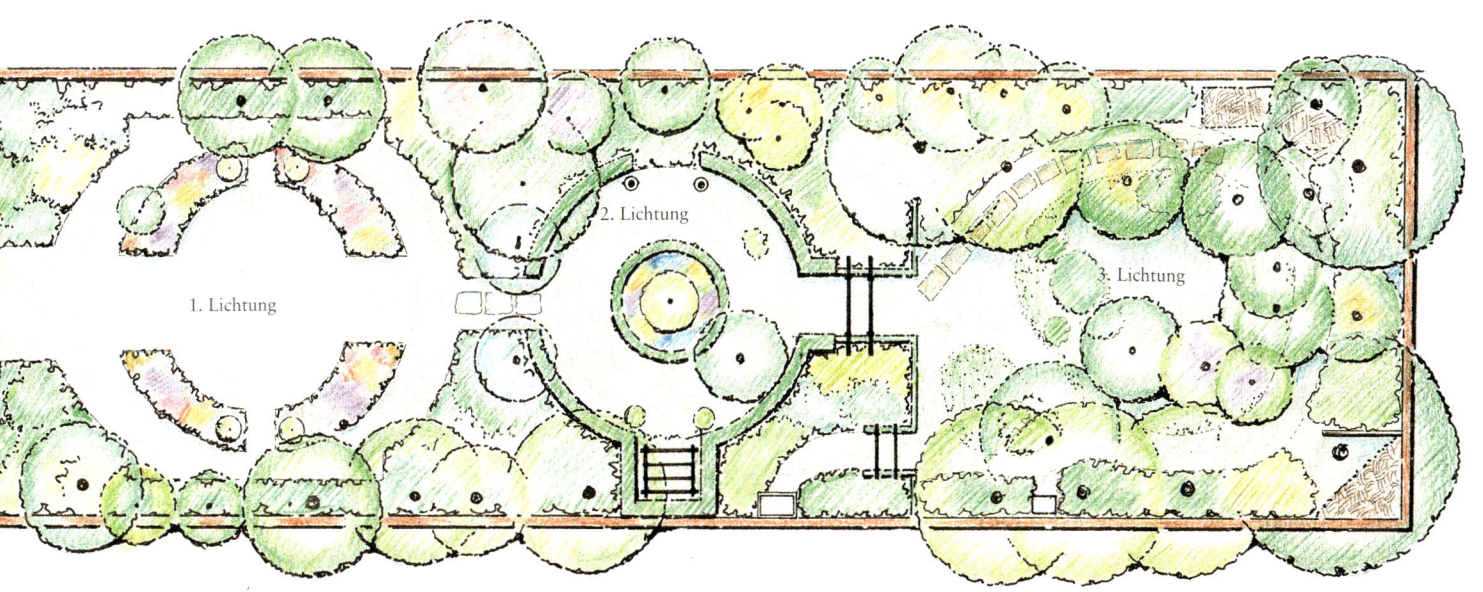

1. Lichtung

2. Lichtung

3. Lichtung

Die Geheimnisse des Gartens

Wenn Sie erst einmal den Besucher verlockt haben, auf der Suche nach Romantik tief in ihren Garten einzudringen, dann müssen Sie ihm auch dessen Geheimnisse offenbaren. Seine Schätze brauchen nichts spektakuläres sein, sondern können so einfach und gleichzeitig überzeugend sein wie eine exotische Pflanze, eine Laube, die zum Ausruhen einlädt, ein ausgefallener Topf oder eine schöne Statue. Alle diese Elemente müssen ihr Versprechen einlösen, wenn man sie von nahem betrachtet, und sie sollen im Idealfall ihrer Umgebung eine Atmosphäre verleihen, die etwas Altertümliches, Phantastisches, Großartiges oder auch Überraschendes ausstrahlt.

ORTE ZUM VERWEILEN

Die Instandhaltung eines romantischen Gartens sollte keine allzu große Mühe machen und nicht in schwere Arbeit ausarten. Vielleicht muß einmal hier der umherirrende Trieb einer Kletterpflanze festgebunden oder dort die welkende Blüte einer Rose entfernt werden; doch insgesamt sollte dem Besitzer wie dem Besucher noch viel Zeit zum Träumen oder Nachdenken bleiben. Deshalb besteht einer der wichtigsten Elemente eines romantischen Garten darin, dafür passende abgeschiedene Ecken und Winkel zu schaffen. Sie können aus einer einfachen Bank oder einer eleganteren Laube bestehen, sollten aber, damit man beim Ausruhen möglichst nicht gestört wird, weit genug vom Haus entfernt sein.

Sitzplätze

Einer der gemütlichsten Sitzplätze läßt sich leicht beim Hochziehen einer Mauer in einer Nische einrichten, weil das Mauerwerk die Geräusche stärker als jedes andere Material schluckt. Ein Sitzplatz aus Stein oder Ziegeln hat nur den Nachteil, nach einem Regen sehr lange feucht zu sein. Dieses Problem läßt sich aber leicht lösen, indem man als Sitzfläche ein dunkel gebeiztes Holzbrett wählt, das viel schneller trocknet. Ein origineller Sitzplatz für trockenes Wetter läßt sich auch mühelos aus einer schweren Holzbohle, etwa einer Eisenbahnschwelle, anfertigen, die man auf Steinblöcke oder Ziegelsäulen montiert, welche wieder vor eine Mauer gesetzt werden.

Elegante, freistehende Sitzplätze können von Handwerkern nach eigenem Plan oder nach romantischen Modellen des achtzehnten Jahrhunderts angefertigt werden. Mit etwas Glück lassen sich auch weniger kostspielige und einfachere, aber trotzdem reizvolle Modelle finden. Es sind in der Regel echte oder nachgeahmte viktorianische Sitzgelegenheiten, bei denen ein gebogener Eisenrahmen breite Holzbretter oder schmale Holzlatten trägt. Weil die Eisenrahmen diesen alten viktorianischen Sitzmodellen und ihren guten Nachbildungen ein gefälliges Aussehen verleihen, sollten sie unbedingt ihren praktischeren modernen Gegenstücken vorgezogen werden.

Weniger komfortabel, aber reizvoll und gut geeignet für eine kurze Pause bei einem Rundgang durch den Garten ist eine Steinbank. Einfache Bänke bestehen aus einer gemauerten Platte, auf

Ein perfektes romantisches Gestaltungselement ist in diesem Garten entstanden: Die Ecke eines verfallenen Gebäudes ist in einen zauberhaften weltlichen Zufluchtsort verwandelt worden. Der alte Eingang, von Ziegeln eingefaßt und von zwei edlen Säulen flankiert, die auf halbmondförmigen Stufen stehen, hat das würdevolle Aussehen eines Schreins erhalten und gibt den passenden Rahmen für eine elegante Figur ab. Das idyllische Bild dieser Ecke mit dem Gewirr von Kletterpflanzen an den Mauern und mit dem hellen Blättervorhang des Ahorns im Vordergrund ist zauberhaft. Blätter und Moose, die in dem Mauerwerk wachsen, tragen noch dazu bei, und ein großer Spiegel hinter der Figur bewirkt, daß der Betrachter sie gleichzeitig von vorn und von hinten wahrnehmen kann.

LINKS: *Die stark duftende* Clematis armandii *umgibt einen Sitzplatz, dessen kräftiger Stein und elegante Form romantische Größe besitzen, mit ihrem wunderbaren Duft.*

UNTEN: *Eine Kletterrose, mit einem Efeu verschlungen und über einen gebogenen Rahmen wachsend, bildet die ideale Laube für diesen schönen viktorianischen Sitz aus Schmiedeeisen.*

dekorative Steinsäulen montiert, von denen manche verschnörkelt oder gerieft sind, andere in Steinmetzarbeit heraldische Tiere darstellen. Die kunstvolleren Steinbänke mit Rückenlehnen und Seitenarmen können herrlich romantisch aussehen, wenn sich auf ihrer Oberfläche Moos und Flechten ausgebreitet haben, sind aber leider für die meisten Gärten zu groß.

Gleich welche Sitzgelegenheit Sie auch wählen, wichtig ist vor allem, daß Sie sie an einer Stelle plazieren, wo dem Besucher ein interessanter Ausblick geboten wird. Wenn die Aussicht hinter dem Sitzplatz nicht besonders schön ist, sollte der Stuhl oder die Bank nicht völlig frei stehen. Eine freiste-hende Bank wirkt nämlich bedeutend einladender, wenn sie im Rücken und an ihren Seiten von einer Hecke oder einer Reihe Sträuchern eingefaßt ist. Immergrüne Pflanzen wie die Eibe (*Taxus baccata*) und der gewöhnliche (oder Kirsch-)Lorbeer (*Prunus laurocerasus*) wären für diesen Zweck gut geeignet. Als Alternative kann man eine 1,50 m hohe Mauer bauen, die den Sitzplatz teilweise einrahmt und ihm als Rückwand dient. Und es gibt nur wenige romantischere Sitzplätze als eine abgeschiedene Laube.

Lauben

Mühelos läßt sich das in einem romantischen Garten geweckte geheimnisvolle und mysteriöse Gefühl verstärken, wenn man eine Art Laube errichtet, in der man sitzen kann, ohne selbst gesehen zu werden, und daher ungestört die Atmosphäre des Gartens genießen kann. Für dieses Vergnügen war auch der englische Dichter John Dryden (1631-1700) empfänglich, denn er hat es mit den folgenden Worten beschrieben:

»Dach und Wände waren wie ein Kabinett gestaltet
In süßer Abgeschiedenheit, ein kühler schattiger Platz;
So dicht war die Hecke gepflanzt, daß keines Fremden Auge
erspähen konnte, wer in ihr sich aufhielt.«

Wir können Drydens Gefühl sehr gut nachvollziehen, tragen doch Lauben ganz erheblich dazu bei, aus einem romantischen Garten einen wahren Zufluchtsort zu machen, der die Außenwelt ganz und gar fernhält. Dies mag auch der Grund dafür sein, warum in der Literatur wie im Leben Lauben so häufig den Schauplatz für Liebeserklärungen bilden…

Es gibt verschiedene, relativ einfache Möglichkeiten, eine Laube anzufertigen. Oftmals kann selbst ein altes Gartenhäuschen aus Holz aufgewertet werden, indem man seine Seitenteile ausschneidet und durch zwei kräftige einfache Holz-

71

EINE HECKE ALS ZUFLUCHTSORT
Wenn man einige Pflanzen einer vorhandenen Hecke entfernt, die so entstandenen Ränder schön beschneidet und Kletterpflanzen an Pfosten rechts und links der Öffnung setzt, hat man in kürzester Zeit eine schöne Laube.

EIN GRÜNER HELM
Eine freistehende grüne Laube kann aus einem Eisenrahmen angefertigt werden. Armierstäbe lassen sich zu Bögen und Reifen biegen. Die Bögen müssen im Boden einzementiert und an ihren oberen Enden verbunden werden.

Anschließend werden die Reifen mit einem kräftigen Draht befestigt oder angeschweißt. Ein darübergezogenes Drahtnetz kann einer Reihe von Kletterpflanzen als Gerüst dienen.

EIN ZUFLUCHTSORT AUS HOLZ
Mit ein wenig Phantasie kann man auch häßlichen Gebäuden ein etwas romantischeres Aussehen verleihen. Ersetzt man eine Seite des Holzschuppens durch kräftige Holzsäulen und bepflanzt anschließend das Gerüst mit Kletterpflanzen, dann kann man den Schuppen in eine reizvolle Laube verwandeln.

säulen ersetzt. Das fertige Gerüst läßt man dann mit Kletterpflanzen bewachsen: verschiedene *Parthenocissus*-Arten bilden einen dichten Laubmantel und zeichnen sich durch schöne Herbstfärbung aus, Efeuarten schaffen die gewünschte Abgeschlossenheit das ganze Jahr über, und *Jasminum officinale* liefert Blüten und Duft.

Eine passend beschnittene, dicke Hecke, die im Innern des Gartens vor einer Mauer oder einem Zaun wächst, kann der geeignete Platz für eine Laube sein. Am Anfang werden die beschnittenen Teile der Hecke, die den Sitzplatz einrahmen, zwar etwas kahl aussehen, sie werden sich aber schnell wieder mit Grün bedecken, sobald die Pflanzen mehr Licht bekommen. Ein paar Holzpfähle, zur Gartenseite hin an den Ecken des Heckendurchbruchs errichtet, können als Kletterpfosten für Geißblatt und Clematis verwendet werden. Verbindet man die oberen Enden der Pfosten miteinander und zieht die Pflanzen daran

entlang, dann bilden sie bald einen hohen belaubten Bogen, der das Gefühl von Intimität in der Laube noch verstärkt. Wenn sich die Kletterpflanzen gut entwickelt haben, kann man noch einige Pflanzentriebe zur Mauer hinleiten, so daß auf diese Weise ein Stück Dach aus Laubwerk entsteht.

Falls Sie einen Zaun oder eine Mauer, aber keine Hecke besitzen, dann können Sie auch aus Gittern einen reizvollen Rahmen für Pflanzen anfertigen. Der Sitzplatz wird von zwei Pfeilern eingerahmt, deren Seiten aus Gitterwerk bestehen und die oben offen sind. Sie werden von starken Pfosten gehalten und an einer Mauer befestigt, die umgekehrt Halt für ein einfaches pergolaartiges Dach bietet.

Zwei säulenförmige Irische Eiben, *Taxus baccata* ›Fastigiata‹, jeweils in einen Gitterkasten gepflanzt, können eine dichte immergrüne Schutzwand bilden. Irisches Efeu (*Hedera hibernica*),

EINE GITTERLAUBE
Zwei aus Gitterwänden angefertigte Kästen, die an einer Mauer befestigt sind und einen Sitzplatz einrahmen, bilden eine intime Laube. Die Kästen, die von kräftigen Pfosten gehalten werden, die in der Erde in Metallhülsen stecken, sollten ungefähr 50 cm breit, 90 cm tief und 2 m hoch sein und einen einfachen Holzrahmen als Dach tragen. Heckenpflanzen in den Kästen und rings um die Kästen gesetzte Kletterpflanzen runden das Bild ab.

GIRLANDEN – SCHAUKELN
Man baut einen Pflanzkasten aus starkem, mit einem Schutzmittel behandelten Holz oder aus verzinkten, nicht rostenden Metallplatten. Anschließend befestigt man daran kräftige Stahlbügel und Ketten und hängt die Schaukel entweder an einem starken Baumast oder an einem für diesen Zweck vorgesehenen Rahmen auf. Auf dem Pflanzkasten zwischen den Ketten befestigt man einen Holzsitz, und die beiden offen gelassenen Enden können für Kletterpflanzen verwendet werden. Der Pflanzkasten muß Drainagelöcher haben und darf nur mit einer feuchten torfhaltigen Komposterde gefüllt werden.

an den Außenseiten der Gitterkästen hochgezogen, bedeckt schnell die Seiten der Laube und klettert über die Pergolapfosten, so daß auf diese Weise ein hübsches Dach aus Blättern entsteht. Wenn die jungen Triebe der Eiben durch die Gitter dringen, sollte man sie beschneiden, damit die Pflanzen dicker werden und allmählich die Kästen ausfüllen. Die Gitterpaneele, die zum Garten zeigen, dienen als Kletterstütze für blühende Kletterpflanzen wie Glyzine, Kletterrosen oder Clematis.

Am schnellsten läßt sich eine Laube herstellen, indem man einen riesigen grünen Kreuzfahrerhelm aus einem Gerüst anfertigt, das aus drei Metallbögen besteht, die im Boden verankert und an ihrer Spitze verbunden werden. Das ganze Gerüst – den Eingangsraum ausgenommen – be-

RECHTS: *In einem heißen und feuchten Klima mag ein Aussichtsplatz dieser Art durchaus eine einfache Konstruktion sein, die nur Schatten spenden soll. Der hier abgebildete kleine Platz mit seinen offenen Seiten, die eine kühle Brise hereinlassen, ist ein schönes Gestaltungselement in einem dichten Waldstück.*

GANZ RECHTS: *Dieser sechseckige Gitterpavillon mit seinem leicht fernöstlichen Charakter ist von weitem ein herrlicher Anziehungspunkt. Er liegt vor einer dichten Hecke und ist ein intimer Ort, in den man sich zum Schutz vor Sonne und Regen zurückziehen kann.*

deckt man mit einem weichen Maschendraht, und in zwei Jahren wird Irisches Efeu, das man rund um diesen Rahmen gepflanzt hat, das ganze Gerüst vollständig bedecken. Es ist der ideale Platz für eine halbrunde Steinbank, die an einem heißen und sonnigen Tag zum Ausruhen einlädt.

Girlanden – Schaukeln
Mit Girlanden geschmückte Schaukeln, auf denen Damen in Satinkleidern mit Seidenbändern sitzen, sind auf zahlreichen romantischen Gemälden des achtzehnten Jahrhunderts dargestellt. Solche Szenen spiegeln zweifellos die wehmütige Sehnsucht nach einer *dolce vita* der damaligen Zeit wider. Aber was diese Gemälde auch über ihr Jahrhundert aussagen mögen, ihre Auskunft darüber, wie die Schaukeln selbst konstruiert waren, ist recht spärlich. Die Details der Schaukel verstecken sich leider immer hinter den Falten eines voluminösen Rockes. Das sollte ehrgeizige romantische Gärt-

ner aber nicht davon abhalten, einen solch entzük-kenden Gegenstand im eigenen Garten anzu-bringen.

Ein stabiler schaukelnder Pflanzkasten, den man mit Ketten an einem dicken Baumast oder an einem für diesen Zweck konstruierten Holzbogen befestigt, läßt sich ganz einfach herstellen. Man kann ihn mit drei oder vier Kletterpflanzen wie Efeu, Geißblatt oder Clematis bepflanzen – deren Triebe man immer weiter an den Tragketten befestigt – und mit ein paar flachwurzelnden Pflanzen wie kriechender Lobelie (*Lobelia erinus*) und Duftveilchen (*Viola odorata*), um damit den Boden zu schmücken. Wenn der Pflanzkasten mit einem Holzsitz versehen wird (der abnehmbar sein muß, um die Pflanzen wässern und düngen zu können), entsteht ein hübscher Sitzplatz, auf dem es sich angenehm hin- und herschaukeln läßt. Obgleich die Schaukel zu schwer ist, um kräftig bewegt zu werden, ist es ein besonderes Vergnü-gen, auf solch einer mit Girlanden geschmückten Schaukel zu sitzen. Darüber hinaus ist ihr ästheti-scher Wert für einen Garten weitaus größer, als ihn eine moderne, in einem Gartencenter gekaufte Schaukel darstellen kann.

Eine leichtere, mit Pflanzen geschmückte Schaukel erhält man, wenn man die seitlichen Ränder eines Schaukelsitzes verlängert. Diese Flü-gel können Löcher für kleine Töpfe haben, in denen Kletterpflanzen wie Geißblatt oder eine der einjährigen kletternden Kapuzinerkressen, *Tropa-eolum majus*, gezogen werden können. Wenn aber die Pflanzenwurzeln ihre kleinen Töpfe ausfüllen und ihr Laubwerk immer dichter wird, haben sie sehr wenig Wasserreserven und müssen minde-stens einmal, an heißen Tagen vielleicht sogar zweimal gewässert werden. Darüber hinaus müs-sen sie sehr oft gedüngt werden, wenn nicht gleich am Anfang ein echter Langzeitdünger dem Kom-post beigegeben wurde.

Pavillons

Da wir den größten Teil unseres Lebens zum Schutz vor Wind und Regen in unseren Häusern

SOMMERHÄUSER
Eine einfache sechseckige Konstruktion aus Holzrahmen ergibt ein schönes Sommerhaus. Es erscheint licht und luftig und zugleich angenehm abgeschlossen, wenn seine Wände mit Gittern geschmückt werden, an denen Kletterpflanzen emporranken.

verbringen, verursacht die Erfahrung, in einem Gebäude tief im Garten in gleicher Weise geschützt zu sein, ein merkwürdiges und herrlich befreiendes Gefühl von Müßiggang und Beschaulichkeit. Deshalb sollten Gebäude, die für diesen Zweck ausersehen sind, möglichst so situiert sein, daß man sie bei einem Spaziergang plötzlich entdeckt; auf alle Fälle aber sollten sie im Garten so versteckt sein, daß man sie vom Haus aus nicht sehen kann.

Wenn ein Pavillon erst einmal gebaut ist, wird man vermutlich bald die Hoffnung aufgeben müssen, ihn jemals alleine genießen zu können. Denn ein solcher Ort wird während unserer Abwesenheit zum Zuhause für Myriaden von Lebewesen – er ist »einer der schönsten Zufluchtsorte, die die guten Menschen für Spinnen errichten«, wie Charles Dickens bemerkte. Wenn die Spinnen auch manche Menschen etwas irritieren, so muß doch jeder ihren unermüdlichen Fleiß bewundern. Zusammen mit Mauerschwalben, die ihre Schlammnester unter den Dachrinnen bauen, den Fliegen, die unbedingt hereinwollen und dann ewig summen, um wieder hinausgelassen zu werden, oder den Wespenschwärmen, die sich eingenistet haben, werden sie das Gartenerlebnis auf ihre Weise bereichern. Inzwischen wird auch das Gebäude selbst etwas zur Atmosphäre beitragen. Das Holz, das vom Regen durchnäßt wurde oder die Winterfeuchtigkeit absorbiert hat, um dann im Sommer wieder ausgetrocknet zu werden, durchdringt die Luft mit einem besonderen Geruch, der eine Spur von Harz enthält. So wird der Garten wie der Garten Eden duften.

Pavillons lassen sich ihrer Funktion nach in zwei unterschiedliche aufteilen – in Orte, von denen aus ein besonderer Ausblick genossen werden kann, und in Sommerhäuschen, die genügend Raum haben sollten, daß mehrere Leute gemütlich darin sitzen können.

Aussichtshäuschen sind meist kleine Gebäude in erhöhter Lage, in denen man sitzen und großartige Panoramen genießen kann. Daher eignen sie sich am besten für große Gärten. Wenn kein passender Hügel im Garten vorhanden und die ausgewählte Stelle gut zugänglich ist, läßt sich ein Erdhügel, auf dem ein Aussichtshäuschen gebaut werden kann, mit den heute verfügbaren Möglichkeiten sehr leicht aufschütten.

Diese Aussichtshäuschen müssen nicht übermäßig aufwendig gebaut sein; sie sollten nur stabil genug sein, um eine Dachkonstruktion tragen und jedem Wind standhalten zu können. Am besten ist es, wenn sie einen festen Boden haben und mit einem Fundament versehen sind. Darüber hinaus können sie aber ganz unterschiedlich konzipiert sein, angefangen von einer winzigen Loggia (siehe unten) mit zwei Sitzmöglichkeiten, bis hin zu einem sechs- oder achteckigen Bau mit einer komplizierten Dachkonstruktion. Das wichtigste Kriterium für einen romantischen Gartenarchitekten ist aber wohl, daß sie hübsch aussehen und die richtigen Maße besitzen.

Leider verwandeln sich viele Gartenhäuschen, da sie feste Gebäude sind, die wasserdicht gemacht werden können, in trostlose Gerümpelkammern, anstatt Orte zu sein, an denen man im Garten kultiviert seinen Tee genießt. Wirklich schöne serienmäßig angefertigte Sommerhäuschen sind selten, und solange Sie kein passendes für sich finden können, ist es vielleicht besser, eines nach Ihren eigenen Plänen oder die Nachbildung eines Modells aus dem achtzehnten oder neunzehnten Jahrhundert selbst zu bauen oder bauen zu lassen. Eine einfache sechseckige Konstruktion mit Dach ist ein geeigneter Rahmen für den Anfang. Fünf Seiten bekommen Glas- oder Plexiglaswände, die in einem Holzrahmen sitzen und mit Gitterwerk versehen werden; die sechste Seite kann offen bleiben, falls das Sommerhäuschen keine Rumpelkammer oder kein Werkzeugschuppen werden soll.

Loggien

Loggien, der ideale Ort für *la dolce vita*, zählen zu den reizvollsten Gartenelementen, da sie das wunderbare Gefühl geben, halb draußen, halb drinnen in einer laubigen Zwischenwelt zu schweben. Es ist verständlich, warum so viele Akademiemaler des späten neunzehnten Jahrhunderts Loggien als Hintergrund für ihre Bilder ausgewählt haben, auf denen Damen, gekleidet und frisiert wie römische Matronen, nach Trauben an einem Weinstock unter einem Pergoladach greifen, während ihre Liebhaber, die Hüte in der Hand, mit sehnsuchtsvollem Blick die Fruchtschalen und die mit Silber verzierten Weinkaraffen aus Kristallglas betrachten, die wie Stilleben auf Tischen aus geflochtenem Bambus angeordnet sind.

Entzückende Loggien, die zum Ausruhen einladen und ein Gefühl von Abgeschiedenheit hervorrufen, kann man ganz einfach herstellen, indem man einen Pergolaoberbau auf der einen Seite an einer Mauer und auf der anderen Seite an einer Säulenreihe aufhängt. Diese Art Entwurf kann in höchstem Maße verfeinert werden. Um den Durchzug zu verringern, können die Loggienenden mit Mauern oder sogar Fensterglas verschlossen werden; dann kann man sie auch an klaren, aber kühlen Abenden viel länger nutzen. Hübsch ist es auch, wenn man den Überbau der Pergola dicht mit Kletterpflanzen bewachsen läßt, oder wenn man die normalerweise offene Pergola mit einem Ziegeldach versieht. Man kann etwa Rollos aus halbierten Bambusrohren anbringen, um das von den offenen Seiten der Loggia eindringende Sonnenlicht abzudämpfen.

Auf alle Fälle benötigt jede Loggia einen harten Boden, für den Ziegelmuster besonders reizvoll sind. Die verwendeten Ziegel müssen aber unbedingt frosthart sein, da sich eine Loggia ja schließlich im Freien befindet.

DACHBEDECKUNG
Alte Tonziegel, verwitterte Schieferplatten oder gebogene Terrakottaziegel eignen sich gut zum Abdecken von Loggien und Arkaden.

BODENBEKLEIDUNG
Dekorative glasierte Fliesen können in einem überdachten Freisitz das angenehme Gefühl vermitteln, sich in einem Innenraum zu befinden.

ARKADEN
Eine Arkade ist ein aufwendigerer Bau als eine Loggia und lädt nicht nur zum Ausruhen, sondern auch zum Spazierengehen ein. Sie ist vielleicht am besten an einer Grenzmauer fern von den Zerstreuungen des Hauses plaziert. Das Wasser, das in einem an der Mauer verlaufenden Rohr in eine Zisterne unter dem Boden rieselt, erzeugt angenehme Geräusche. Eine unter Wasser liegende Umwälzpumpe bringt es zurück zu einem einfachen Speirohr, aus dem es wieder in den Kanal läuft.

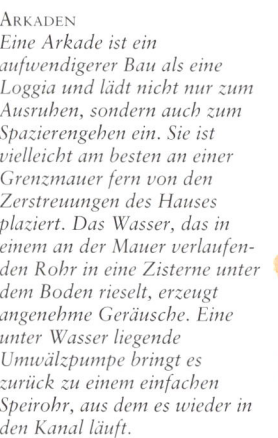

LOGGIEN
Loggien benötigen im Rücken das Haus oder eine solide Mauer, damit man sich angenehm geschützt darin fühlt. Bei gutem Wetter müssen sie jedoch den Eindruck vermitteln, man sitze im Garten und nicht im Haus. Sie können ganz einfach aus Holzsäulen und Dachsparren gebaut werden, und das Dach kann bloß aus Kletterpflanzen und Wein bestehen, wenn auch ein Ziegeldach besseren Schutz bietet.

Arkaden

Da der Kreuzgang eines Klosters den Rückzug aus der Alltagswelt und eine Hinwendung zum spirituellen, kontemplativen Leben symbolisiert, bringt sein weltliches Gegenstück, die Arkade, ähnliche Assoziationen mit sich. Man kann nur schwer an einem stillen und warmen Nachmittag allein durch Arkaden wandeln, ohne daß man das freundliche Schlurfen von Mönchssandalen oder das entfernte, aber drängende Läuten einer Glocke, die zur Vesper ruft, zu hören meint. Daher sollte man in keinem einigermaßen großen Garten auf eine Arkade verzichten, da sie das Gefühl wunderbarer Abgeschiedenheit von der Außenwelt hervorruft.

Arkaden sind normalerweise flacher und länger als Loggien und haben immer ein – in der Regel schräges – Dach, wenn sie nicht Teil eines Gebäudes sind. Zu ihren Vorteilen zählt es, daß sie Schatten spenden und trocken sind, so daß man auch bei Mittagshitze im Sommer und bei Regen unter ihnen lustwandeln kann. Arkaden können an jeder Mauer, die ungefähr 2,50 m hoch ist, angebracht werden, wobei dann die Mauer die Innenseite des Dachgerüsts und eine Säulenreihe seine Außenseite trägt. Sie sollten einen festen Boden haben, und ihre Länge sollte mindestens 12 m betragen.

Als Dachbedeckung eignen sich vor allem einfache Schieferplatten oder römische Terracottaziegel. Die Annehmlichkeit, unter Arkaden zu wandeln, wird noch größer, wenn man einen engen, hüfthohen Kanal entlang der Stützmauer baut, in den Wasser aus einem einfachen Rohr tröpfelt. Einige Töpfe mit Farn können in den Kanal gesetzt werden, die in der Feuchtigkeit und im Schatten wunderbar gedeihen.

DRAMATURGISCHE EFFEKTE

Ein wichtiges Ziel von Architekten romantischer Gärten besteht sicherlich darin, den Menschen

RÖMISCHE ZIEGEL
Eng gesetzte Dachsparren tragen die gebogenen Böden der Ziegel; breite und schmale Enden der aufeinanderfolgenden Ziegel überlappen sich. Überlappende, umgekehrt gelegte Ziegel verdecken die Anschlußfugen.

VASEN, TÖPFE UND URNEN
Da Vasen, Töpfe und Urnen in dem romantischen Garten als Blickfang verwendet werden, sollten sie immer reizvoll aussehen und aus den besten Materialien angefertigt werden. Urnen haben einen besonders romantischen Charakter: in der alten Welt waren sie verschlossene Gefäße, in denen das Herz oder die Asche der Helden aufbewahrt wurden.

eine Fluchtwelt der Phantasie zu schaffen. Das ist auch die Aufgabe des Theaters, das sich ebenfalls darum bemüht, den Zuschauer in eine Traumwelt zu entführen. Ehrgeizige romantische Gärtner können viele Theatertricks einfach übernehmen und versuchen, ähnliche Effekte zu erzielen.

Natürlich kann, wie schon vorher gesagt, eine Menge getan werden, um eine allgemein romantische Atmosphäre zu schaffen, etwa indem man Pflanzen und Gestaltungselemente des Gartens überlegt plant und entwirft. Für überzeugte Romantiker kann nun diese Atmosphäre als Hintergrund für ihre großartigsten Effekte dienen. Gewisse Gestaltungselemente – die in anderer Umgebung eher lächerlich wirken könnten – erscheinen plötzlich höchst wirkungsvoll und bereichernd. Abgesehen von dem ästhetischen Vergnügen, das sie als Schmuck bieten, übernehmen gestaltende Elemente – von Menschenhand angefertigte Statuen oder Tempel, fast natürliche Konstruktionen wie Grotten oder natürlichere Elemente wie Felsblöcke oder Höhlen – ganz andere Rollen. Wenn sie so plaziert sind, daß sie aus einer gewissen Entfernung nur zur Hälfte sichtbar sind, vermögen sie die Neugierde des Besuchers zu wecken. Wenn sie fast versteckt sind, so daß man nur durch Zufall auf sie stößt, können sie angenehm überraschen. Durch ihre Erscheinung und das Arrangement der Elemente können sie unser Gemüt und unsere Phantasie beflügeln.

Vasen, Töpfe und Urnen

Die Hauptfunktion großer Töpfe, Vasen und Urnen besteht darin, unsere Aufmerksamkeit auf sie zu ziehen, um unser Auge auf gewisse Ausblicke zu lenken, oder um reizvolle vertikale Linien einzuführen, die eher flache Bereiche des Gartens auflockern sollen. Sie können auch als eine Art Wachposten fungieren, die den Fuß oder den Kopf

RECHTS: *Diese wunderbar verwitterte Steinvase mit ihrer leicht verfallenen Säule, die sich aus einem Bett von Frauenmantel erhebt, ist ohne* *Zweifel äußerst romantisch. Das großflächige unregelmäßige Pflaster verstärkt diesen Eindruck noch.*

einer Treppe markieren oder Ein- und Ausgänge schmücken.

In einem streng gestalteten Garten läßt man Töpfe und Vasen am besten unbepflanzt, um die Reinheit der Formen deutlich zu präsentieren. In einem romantischen Garten können sie mit kriechenden Pflanzen wie Lobelien, efeublättrigem Geranium oder kriechenden Winden bepflanzt werden, die über ihre Ränder wachsen und dem harten Stein ein weicheres Aussehen verleihen. Während Gärtner strenger Anlagen immer um Vollständigkeit bemüht sind, wirkt eine leichte Spur von Dekadenz – angedeutet durch einen abbröckelnden Sockel oder durch einen zerbrochenen Urnendeckel – in einem romantischen Ambiente passender.

Echte Urnen oder Vasen aus Stein oder Blei aus dem achtzehnten und neunzehnten Jahrhundert sind teuer. Glücklicherweise sind eine Menge erschwinglicher und reizvoller Reproduktionen in nachgemachtem Stein oder bleiverstärktem Glasfiber-Harz erhältlich. Unter den Vasen und Urnen sollten Sie möglichst solche aussuchen, die Szenen aus einer anderen Welt darstellen, wie Götterbüsten oder Ziegenköpfe als Griffe, oder solche, die mit Reliefs zu Themen aus der klassischen Mythologie verziert sind.

In einem heißen Klima erwecken Terrakottaamphoren in rostenden Eisengestellen, Ali Baba-Krüge und große irdene Krüge, die in ihren Formen an die Töpfe der alten Griechen und Römer erinnern, höchst romantische Assoziationen. Sogar in kühleren Gefilden geben solche Töpfe in Innenhöfen oder auf Terrassen und an anderen sonnigen Plätzen dem Garten ein mediterranes Aussehen.

Statuen

Da Statuen in einer merkwürdigen, erstarrten Weise die Gegenwart anderer menschlicher Wesen in einem Garten suggerieren, fesseln sie uns immer auf ganz besondere Weise. Deshalb sollte man sie mit großer Sorgfalt auswählen, um die gewünschte romantische Stimmung zu erzielen.

Moderne Statuen sollten möglichst weiche Konturen haben und nicht zu lieblich sein. Hat man die Wahl zwischen Themen aus der Mythologie und der Literatur, ist es sicherer, sich für die weniger gewaltigen Figuren zu entscheiden, es sei denn, der Garten ist wuchtig genug, um großen Heroen den passenden Rahmen bieten zu können. Traurige Liebende wie Heloise und Julia sind der Typ von Heldinnen, deren Leiden wir nachvollziehen können, und die aufs allerschönste portraitiert worden sind. Sie eignen sich wahrscheinlich besser für einen romantischen Garten als die ebenso schöne Salome, bei deren Bild man aber nicht verweilen kann, ohne das abgeschlagene Haupt Johannes des Täufers vor Augen zu haben. Unter den Göttern scheinen die freundlicheren, wie Bacchus, der schelmisch aus den Sträuchern hervorschaut, eher passend als ein tobender Mars; und mit Sicherheit ruft ein Schafhirte mit seinem Stab eher die Sehnsucht nach einer idyllischen Vergangenheit wach als ein Stahlarbeiter, der sich

OBEN: *Die hellgrünen Farnwedel im Vordergrund bilden einen kräftigen Kontrast zu dem dahinterliegenden Teich im Schatten und einen vollendeten Rahmen für den spöttischen Kobold, der aus der Efeuwand hervorschaut. Wenn eine solche Figur plötzlich bemerkt wird, ruft sie immer Erstaunen und den etwas beunruhigenden Gedanken hervor, daß man schon länger beobachtet worden ist, ohne es bemerkt zu haben.*

LINKS: *Dieser reizende, an einer Mauer befestigte Engelskopf, der von seinen Flügeln wie von einer Halskrause eingerahmt wird, ist ein entzückendes Gestaltungselement, das in den kleinsten Garten paßt.*

mit erhobenem Schmiedehammer anschickt, das Eisen zu bearbeiten.

Wenn der Garten klein ist, sollte auch die Statue eher klein bemessen sein, damit sie ihre Umgebung nicht erdrückt. Man kann dem Besucher auch eine gewisse Größe vortäuschen, da es – wenn kein anderes Vergleichsmoment zur Verfügung steht – oft schwierig ist, zwischen einem kleinen Objekt in der Nähe und einem großen in der Ferne zu unterscheiden.

Jedes Sujet, das wir auswählen, bedarf einer Einfassung, die mit dem Charakter der Arbeit harmoniert und sich gleichzeitig gut in den Gartenbereich fügt, in dem es seinen Platz gefunden hat. Ebenso wie ein Bild den richtigen Rahmen haben muß, braucht eine Skulptur einen passenden Sockel. Um zwischen Kunstwerk und Garten eine harmonische Einheit herzustellen, sollten die Sockel möglichst aus dem gleichen Material bestehen wie das Mauerwerk in der Nähe – aus Zie-

geln, wenn die Mauer aus Ziegeln, aus Stein, wenn sie aus Stein gebaut ist.

Eine Statue oder andere Plastik muß überlegt aufgestellt werden, wenn sie voll zur Wirkung kommen soll. Ideale Plätze sind das Ende eines Weges oder eines weiten Ausblicks, oder aber eine Wegkreuzung. Dort wird die Skulptur auf ganz natürliche Weise die Aufmerksamkeit auf sich ziehen, insbesondere, wenn sie auf einen hohen Sockel gestellt wird.

Wenn sich jenseits der Gartenmauer Dinge befinden, deren Aussehen den Genuß der romantischen Gartenatmosphäre beeinträchtigt, kann man diese Wirkung mit einer Skulptur mildern. Man plaziert sie in die Nähe der Stelle, von der das unerwünschte Objekt am stärksten sichtbar ist, und unsere Aufmerksamkeit wird ganz automatisch von ihm abgelenkt. Eine andere Möglichkeit besteht darin, die Skulptur so zu plazieren, daß sie den markantesten Ausblick auf das unerwünschte Objekt verstellt.

Skulpturen eignen sich auch besonders gut für Mauernischen, und es gibt viele Arbeiten, die speziell für sie entworfen wurden. Andere Gestalten wie Dämonen und Medusen nehmen sich sehr wirkungsvoll zwischen Felsen oder Blattwerk aus, wenn sie dort fast völlig versteckt sind. Ihre bizarren Formen haben oft mehr mit Pflanzen im Wald als mit menschlichen Gestalten gemeinsam. Zerzaustes Medusenhaar und üppige Bärte täuschen verschlungene Zweige vor, kurze dicke Hörner und spitze Ohren können für Blätter gehalten werden, und die Ähnlichkeiten sind noch frappierender, wenn sie mit Moos überwachsen sind. Sie sollten von flüchtigen Beobachtern übersehen werden; der Eindruck ist dann um so größer, wenn sie, im Schatten der Farne lauernd, plötzlich auftauchen.

Tempel

Tempel gehören zu den reizvollsten Gestaltungselementen in romantischen Gärten, ganz gleich, ob ihre Säulen aus einfachstem Winkeleisen oder dem kostbarsten behauenen Stein angefertigt sind,

LINKS: *Das feine Laub und das verflochtene Astwerk einer silbrigen Birke bilden eine wunderbare Ergänzung zu den strengen klassischen Linien dieses Tempels aus dem 18. Jahrhundert. Mit seinen feinen Porportionen scheint er der Harmonie und dem lieblich-klaren Maß verschrieben zu sein – eine Vorstellung, die noch durch die fröhlichen Hügel der* Caltha palustris, *die den angrenzenden Weg um-säumt, unterstrichen wird.*

GANZ LINKS: *Ein wunderbar plazierter Tempel, der über eine ruhige spiegelnde Wasserfläche hinweg durch den natürlichen Bogen eines Baumastes das Auge auf sich zieht. Nur wenige von uns werden sich zwar eine solche Idylle leisten können, aber wir alle sollten versuchen, die charakteristischen Elemente einer romantischen Anlage zu verstehen und sie verkleinert bei uns einzusetzen.*

ob sie ein mit Blei überzogenes Kuppeldach tragen oder bloß von einem einfachen offenen Oberteil aus Holz oder Metall überdacht sind. Es gibt sie zu jedem Preis in allen Formen und Größen zu kaufen, so daß es nicht schwer sein sollte, für Ihren Garten einen passenden zu finden.

Ein Tempel kann die richtige romantische Atmosphäre schaffen, wenn er vom Haus so weit wie möglich entfernt ist. Auch in einem kleinen Garten läßt er sich durch ein Gitter oder eine hohe Hecke abschirmen. Tempel können zwischen Bäumen – als möglicher Überraschungseffekt – oder mitten in einer offenen Lichtung gleich romantisch wirken. Man kann sie außen mit einer oder zwei schönen Kletterpflanzen bewachsen lassen – ein großblättriges Efeu, ein Wilder Wein oder eine Glyzine machen sich hier gut. Im Innern muß der Tempel nur ein oder zwei Stufen höher als das ihn umgebende Terrain gepflastert werden, und eine einfache Sitzgelegenheit, zum Beispiel eine halbrunde Steinbank, genügt als Ausstattung.

Auch mit Bäumen lassen sich natürliche Plätze schaffen, die ein Gefühl fern von allem Weltlichen vermitteln. Immergrüne Bäume wie Zypressen, kegelförmige Wacholder oder Eiben, in einem Kreis von ungefähr 5 m im Durchmesser gepflanzt, bilden, wenn sie größer werden, einen Raum, der langsam die Merkmale eines runden Tempels annimmt. In einem größeren Garten kann man Laubbäume wie Albizzien mit ihren gefiederten Blättern oder schnellwachsende Sykomoren im Abstand von 2,50 m setzen, um rechteckige Flächen zu bilden. Wenn sie eine Höhe von 3,50 m erreicht haben, können sie an Drähten und Pfählen gezogen werden, so daß sie von da an nur noch in die Breite wachsen und allmählich ein festes Dach bilden. Wenn sie an einem schönen Sommertag ihr dichtes Blätterkleid tragen, ist die Temperatur in dem schweren blauen Schatten unter ihrem Baldachin angenehm kühl. An diesem Ort, der alle Eigenschaften eines heiligen Hains besitzt, wie er von unseren Vorfahren als Kultstätte verwendet wurde, läßt es sich angenehm sitzen und ausruhen.

Fragmente und Ruinen

Verfallene Gebäude sind ihrer Natur nach wundervoll romantisch. Sie sollen den Eindruck vermitteln, daß die von Pflanzen überwucherten Mauerreste, die zwischen Steinhaufen stehengeblieben sind, einstmals Teil einer drohenden Burg oder eines friedlichen Klosters waren; daß die Anlage nicht einfach die Ecke eines Gartens ist, sondern durchdrungen von Geschichte.

Meist versucht man, so viel oder so wenig von dem Mauerwerk wieder aufzubauen, wie nötig ist, um zu suggerieren, daß einst ein großes oder romantisches Gebäude auf dem Grundstück gestanden hat. Um das zu erreichen, sollte man am besten eine ruinenhaft wirkende Ecke aus zwei nur zur Hälfte gebauten Mauern im rechten Winkel errichten. Wenn nun eine der Mauern etwas höher ist, kann man den Eindruck eines ehemaligen

OBEN: *Recht großartig wirkende Fragmente von anderen Gebäuden wurden zusammen zu etwas wie den Ruinen eines ehemaligen Palastes oder Klosters. Die Wirkung wird noch durch Efeu erhöht, das an ihnen emporklettert.*

EIN TEMPELPORTIKUS
*Eine Säulenhalle reicht aus, um
den Eindruck zu vermitteln,
man habe einen vollständigen
Tempel in seinem Garten.
Nachgebildete Steinsäulen und
andere klassische Architektur-
details können an einer Mauer
zu einer Säulenhalle
zusammengefaßt werden. Man
kann das Mauerwerk zusätzlich
absichtlich beschädigen und
Pflanzen in die Spalten und auf
die Säulen setzen.*

FRAGMENTE DER
VERGANGENHEIT
*Steine so zu arrangieren, daß
sie wie alte Anlagen, Säulen-
fragmente oder Reste eines
Mosaikpflasters aussehen, die*
*zum Teil von Pflanzen
überwachsen sind, ist die
einfachste Methode, antike
Größe im kleinsten Garten
vorzutäuschen.*

Fensters schaffen, indem man die Mauer mit einem Steinrahmen versieht und vielleicht noch einen Fensterbogen aus Stein einfügt. (Man kann oft Teile von viktorianisch-gotischen oder nachgemachten Fenstern aus der Tudorzeit mit steinernen Einfassungen und Mittelpfosten bei Abbruchunternehmen erstehen.) Ungeübte Maurer brauchen keine Angst zu haben, daß die Ecke einstürzen könnte, da sie mit zementgebundenem Bruchstein bedeckt werden kann, um die Verstärkung zu verkleiden. Ein ähnlicher Haufen loser Ziegel oder Steine kann am Fuß der Ruine aufgehäuft werden. Zur Begrünung eignet sich wunderbar das gewöhnliche grüne Efeu, *Hedera helix*, das der neuen Ruine in kürzester Zeit ein authentisches Aussehen verleiht.

Es gibt Firmen, die nachgebildete Steinelemente liefern, aus denen komplette große rechteckige Tempel mit Säulenportiken gebaut werden können. Die meisten Gärten sind für ganze Anlagen zu klein, aber viele können eine aus einzelnen Teilen bestehende Ruine aufnehmen. Ein Portikus kann allein vor einer hohen Mauer errichtet werden, auf die eine eindrucksvolle falsche Tür aufgesetzt wird, wodurch dem Besucher vorgetäuscht wird, die Gartenmauer sei die Vorderseite einer Kapelle, die sich jenseits der Gartengrenze fortsetzt.

Wenn man die gleichen Steinelemente mit Meißel und Schleifrädern behandelt, um sie in Stücke zu brechen und ihnen ein altes Aussehen zu verleihen, kann man daraus den Portikus und Mauerteile einer freistehenden Tempelruine bauen. Pflanztaschen, in denen Farne und kleine Pflanzen wie Leberblümchen oder die schönen Federnelken (*Dianthus gratianopolitanus*) oder sogar Sträucher wie Buddleia Platz finden, können in den oberen Teil des Mauerwerks geschlagen werden.

Man kann weniger großartige, aber ebenso wirkungsvolle Nachklänge von Vergangenem schaffen, indem man so etwas wie eine doppelte Bahn von behauenem Stein anlegt, die eine Ecke bildet und sich in den Rand eines Weges hineinschiebt. Fragmente von Steinmosaiken oder römischem Ziegelpflaster, hier und da in den Kies eines Weges eingefügt, suggerieren, der Garten könnte der Ort einer römischen Villa gewesen sein. Diese Wirkung wird noch verstärkt, wenn man ein einzelnes klassisches Steinkapitell oder die Trommel einer Säule aus einer dichten Pflanzendecke herausschauen läßt.

Optische Täuschungen

Es gibt auch andere Mittel der Illusion, die erfolgreich in romantischen Gärten angewendet werden können. Normalerweise sind sie dann am wirkungsvollsten, wenn man sie erst bemerkt, nachdem der Geist schon durch die vorhergegangene Wahrnehmung einer ähnlichen, aber echten Struktur vorbereitet worden ist, sie zu akzeptieren. Ein gutes Beispiel ist die Plazierung einer Gitterpergola nicht weit von einer Begrenzungsmauer. Von dem Punkt aus, an dem der Beobachter aus der Pergola heraustritt, sollte der Weg bis zum Fuße der Mauer fortlaufen und dabei in der Breite abnehmen. Die Mauer scheint dann viel weiter entfernt zu sein. Wenn man ein zweidimensionales Bogengitter zu beiden Seiten des Weges an der Mauer anbringt und weitere Bögen in diese Bögen einsetzt, glaubt man auf den ersten Blick, eine neue Pergola vor sich zur haben. Um hier die volle Wirkung zu erzielen, sollte die Aufmerksamkeit der Besucher in dem Moment, wenn sie auf die Pergola zugehen wollen, abgelenkt und durch einen anderen Gegenstand auf einen neuen Weg gelockt werden, der rechtwinklig zu dem verläuft, den sie gerade durch die Pergola gegangen waren.

Spiegel, Glaskugeln und Prismen

Man kann ähnliche Effekte auch mit großen Spiegeln, Kugeln aus verspiegeltem Glas, Kristallkugeln und Prismen erzielen. Sie alle können dazu beitragen, die Dimension des Gartens zu erweitern. Spiegel reflektieren einfach den Bereich der vor ihnen liegt, wodurch die optische Illusion entsteht, der Bereich sei doppelt so groß. Sie sind am wirkungsvollsten, wenn sie selbst sehr groß und außerdem möglichst versteckt angebracht sind.

Eine Möglichkeit, sie zu verstecken, besteht darin, sie mit einem Gitter zu überdecken, das mit Kletterpflanzen bewachsen ist. Ein anderer guter Trick ist cs, cine Mauer mit einem tiefen falschen Eingang zu versehen und diesen mit einem Spiegel zu hinterlegen. Man kann dann ein durchsichtiges Eisentor in den Eingang setzen, wobei man zwischen ihm und dem Spiegel etwas Raum für ein paar Pflanzen läßt. Besucher, die in den Eingang schauen und sehen, wie etwas Laub durch das Eisengitter wächst und der Garten in dem Spiegel reflektiert wird, glauben, in einen großen Gartenteil hinter der Mauer zu blicken.

Der Wert von Spiegeln in einem romantischen Garten beruht aber nicht so sehr auf diesen Tricks, sondern vielmehr darauf, wie sie das Sonnenlicht reflektieren. So können sie zum Beispiel die Unterseiten dicker Baumkronen erleuchten, was äußerst eindrucksvolle Effekte ergibt. Betrachtet man ein kleines Stück Spiegel, das tief in einer Felsenhöhle versteckt ist, von der Höhlenöffnung aus, so stellt sich der überraschende Gedanke ein, irgendwo unter der Erde befinde sich eine geheimnisvolle gartenartige Lichtung.

Verspiegelte Glaskugeln waren ein Gestaltungselement in den mehr bizarren Teilen einiger Lustgärten des achtzehnten Jahrhunderts. Sie sind noch heute erhältlich; und wenn sie einfach auf

VERSPIEGELTE KUGELN
Kugeln aus verspiegeltem Glas, auf Stäbe gesetzt, ergeben ein schönes Bild. Man kann sie auch gut mit Fugenharz auf Metallrohren befestigen. Sie dienen als Blickfang und reflektieren geheimnisvolle Bilder des Gartens und eines wolkenverhangenen Himmels.

GLASKUGELN
Auf Steinsäulen montiert, sind die Glaskugeln der Wahrsager reizvolle Gestaltungselemente. Die funkelnde Durchsichtigkeit des Glases scheint sogar in schwachem Licht zu glitzern, und schaut man in seine Tiefen, dann nimmt man merkwürdig leuchtende, verzerrte Gartenbilder wahr.

SPIEGELEFFEKTE
Ein falsches Tor mit einem hinterlegten Spiegel und dazwischen wachsenden Pflanzen kann einen Garten viel größer erscheinen lassen. Reflektierte Ansichten vermitteln den Eindruck, daß sich der Garten hinter der Mauer fortsetzt. Das echte Laub, das sich mit den Bildern vermischt, unterstützt die Täuschung.

GEFASSTE PRISMEN
Prismen brechen das Licht in seine einzelnen Farben und können je nach Lichteinfall die Farben der Pflanzen und des Mauerwerks verändern.

dünne Metallstäbe montiert, zwischen Pflanzen gesetzt oder an Baumästen aufgehängt werden, reflektieren sie höchst reizvolle Bilder. In der Vergangenheit wurden sie auf kleine Steinplatten in flache Kuhlen gelegt, damit sie nicht davonrollen konnten, und dann auf Steinsäulen gesetzt, wodurch sie ein wenig an Sonnenuhren erinnerten. Die Säulen waren gerade so hoch, daß die meisten Erwachsenen bequem in die Tiefe der Kugeln schauen konnten, ohne sie dabei hochheben zu müssen. Die glatte Oberfläche des durchsichtigen Glases bildet einen wunderbaren Kontrast zu der gröberen Oberfläche des dunklen Steins der Säule.

Im unterschiedlichen Licht sind die Bilder in dem Glas, aus den verschiedensten Winkeln betrachtet, von endloser Vielfalt und großer Faszination. So kann eine Ruhepause bei einer Glaskugel, die möglichst am Rand eines Weges angebracht

werden oder allein in einer Lichtung stehen sollte, sehr anregend sein.

Ähnlich plaziert, können optische Prismen, die man normalerweise in Schmiedeeisen faßt und auf eine Steinsäule montiert, ebenfalls solche ungewöhnlichen Wahrnehmungserlebnisse bieten, indem sie das Licht in seine Regenbogenfarben brechen. Hinzu kommt, daß diese optischen Gestaltungselemente nicht teuer sind und man sie praktisch in jedem Garten – gerade in kleinen Gärten – einsetzen kann.

Teiche, Becken und Fontänen

Ein Garten Eden läßt sich nicht denken ohne eine Quelle mit frischem Wasser oder ohne einen geheimnisvollen Teich mit einer ruhigen spiegelnden Oberfläche, der von Blumen umgeben ist. Bei warmem Wetter kann das Wasser, das aus einem

LINKS: *Hosta, Baumpäonien und panaschiertes Efeu bilden einen großartigen Hintergrund für diese reizvolle Wasseranlage. Die kleinen Fontänen, die aus den Froschmäulern gegen das Steinrelief spritzen, haben die Moosbildung begünstigt, so daß die Details des Reliefs allmählich verdeckt werden, und es so alt und geheimnisvoll wie Höhlenmalereien aus prähistorischer Zeit wirkt.*

RECHTS: *Eine prachtvolle romantische Kaskade, bei der die Felsen so angeordnet sind, daß sie das hinabstürzende Wasser in Hunderte kleiner Wasserfälle brechen. Sie könnte der Ort für eine dramatische Wagnerarie sein; man könnte sie sich aber auch als Ruheplatz eines singenden Hirten vorstellen.*

einfachen Springbrunnen oder aus einem Speirohr an der Mauer auf eine ruhige Fläche niederfällt und der umgebenden Atmosphäre Frische und Kühle verleiht, den Reiz eines romantischen Gartens noch verstärken.

Aber noch fesselnder sind die Überreste eines wohl ehemals streng gestalteten Teichs mit Rändern aus behauenem Stein, die von Pflanzen wie Steinbrech und Ziergräsern, die sich dazwischen gesetzt haben, aufgebrochen worden sind. In dieser romantischen Atmosphäre versteht der Betrachter plötzlich, was Siegfried Sassoon beim Anblick solcher Fontänen in den Gärten der Villa d'Este meinte, als er sie mit den Geistern von Zypressen verglich.

Alles das macht das Wasser zu einem wesentlichen Element in jedem gelungenen romantischen Garten. Wie es dort jeweils eingebracht wird, hängt von der Größe des Grundstücks ab. In einem kleinen Garten muß man kein kompliziertes Wasserelement haben, denn auch ein ausgehöhltes Bambusrohr, das Wasser in ein flaches muschelförmiges Bassin an der Mauer tröpfeln läßt, und mit Farnen und Leberblümchen umwunden ist, kann einen wunderbaren Akzent setzen.

In etwas größeren Gärten findet man meist Platz für einen kleinen Teich. Wichtig ist, daß auch die Auskleidung und Einfassung einigermaßen romantisch wirken. Die besten Auskleidungen sind solche, die aus einer einzigen Muschel aus glasfiberverstärktem Plastikharz bestehen. Sie sollten mit einer mattschwarzen Farbe, speziell für Wasserbecken, gestrichen werden. Sie ist für den Boden eines romantischen Teichs am besten geeignet, da sie die ganze Oberfläche in einen reflektierenden Spiegel verwandelt. Man kann auch flachere sumpfige Bereiche im Teich anlegen, indem man hinter einer Steinmauer nahe dem Teichrand Erde anhäuft, die etwas über die Wasserfläche hinausreicht. In dem Steinwall läßt man kleine Löcher, so daß die Erde immer feucht bleibt und man dort eine hübsche Reihe von Sumpfpflanzen wie Iris, Sumpfdotterblumen, Binsen und federförmige Astilben ansiedeln kann. Im übrigen sollte

man darauf achten, daß der Teich nicht zu sehr im Schatten liegt, weil er sonst von Algen befallen wird.

Es ist oft romantischer, Teiche weiter innen im Garten anzulegen oder zumindest so zu verstecken, daß man nur zufällig auf sie stößt. Irgendein Gestaltungselement, aus dem Wasser tröpfelt oder fließt, kann die romantische Atmosphäre des Gartens verstärken, und so kann man die Überlaufrohre des Teichs direkt in eine Grube unter der Erde leiten, von wo aus das gesammelte Wasser mit Hilfe einer Unterwasserpumpe wieder in ihn zurückgeführt werden kann. Statt es direkt in den Teich zu leiten, kann man das Wasser durch einen engen, dickwandigen Betonkanal fließen lassen, der in den Boden versenkt und mit Felsstücken und Kieselsteinen abgedeckt wird. An einigen Stellen kann das Wasser wie in einem Fluß frei fließen, an anderen läßt man es vielleicht langsam wie einen Bach durch eine dicke Schicht grober Kiesel sickern.

Höhlen und Grotten

Kein echter romantischer Gärtner aus dem achtzehnten oder neunzehnten Jahrhundert wäre ohne eine Eremitenhöhle oder eine Grotte glücklich gewesen – manche sind sogar so weit gegangen, Diener in den passenden Lumpen als Eremiten die Höhlen bevölkern und ihren Besuchern vorführen zu lassen.

In modernen romantischen Gärten lassen sich einfache Höhlen auf unkomplizierte Weise herstellen, indem man in Bogenform große, lange Steine an einer Mauer aufhäuft, mit Zement befestigt und anschließend weitere Bögen an die ersten

LINKS: Die Vorstellung eines Flusses, der sich friedlich durch eine Wiese schlängelt, hat immer etwas Romantisches. Das Nebeneinander von Wasser und Rasenfläche ist hier dadurch hervorgehoben, daß der Wasserspiegel nur wenig unter dem Rand der gemähten Wiese liegt.

OBEN RECHTS: Eine Grotte von Menschenhand, umgeben von farn- und efeubewachsenen Felsen, mit dem faszinierenden dunklen Wasser im Innern, verleiht dem Garten ein schaurig geheimnisvolles Aussehen.

zementiert. Diese Art Höhlen hätten auch die Eremiten für sich gebaut, um darin, vor hungrigen wilden Tieren geschützt, über gewichtige Probleme nachdenken zu können. Damit sie mehr wie natürliche Höhlen aussehen, können sie mit Erde überdeckt und mit dekorativen Gräsern bepflanzt werden, wobei einige Steine um die Öffnung der Höhle freigelassen werden sollten. Bei überlegter Planung könnte man sogar eine Höhle bauen, die der der Calypso ähnelt, von der Homer sagt:

»Um die gewölbte Grotte des Felsens breitet’ ein Weinstock
Seine schattenden Reben, behängt
mit purpurnen Trauben.
(...)
Wiesen grünten umher, mit Klee
bewachsen und Eppich.«

Die einfachste Form einer dekorativen Grotte kann aus einer modifizierten Nische – wie in der Abbildung gezeigt – angefertigt werden. Zunächst macht man aus Steinschutt und größeren Steinen eine ungefähr rechteckige Form mit einem geboge-

EINE NISCHENGROTTE

Gute Amateurmaurer werden Spaß daran haben, sich selbst eine schöne, mit Muscheln ausgelegte Grotte, eingelassen in eine Mauer, herzustellen. Zunächst wird die Grotte angefertigt (siehe Text). Wenn sie ordentlich gereinigt ist, sollte sie von einer doppelten Backsteinmauer gehalten werden, deren vordere Lage in die Verblendung des Grottenrandes übergeht. Der Rest ihres gebogenen Bodens sollte auf einem festen Betonfundament der gleichen Höhe ruhen, das hinten an die Mauer anschließt. Sobald die Nische fest steht, kann die restliche Mauer um sie herumgebaut werden.

nen Ende wie ein Grabhügel auf dem Boden. Darauf drückt man dann eine dicke Schicht feuchten Töpferton fest, den man mit einer nassen Maurerkelle modellieren kann, bis eine Form entsteht, die in eine Nische paßt. Solange er noch weich ist, kann man die hohle Seite von Seemuscheln in den Ton drücken, bis die Oberfläche vollständig bedeckt ist.

Wenn alle Muscheln ihren Platz gefunden haben, werden sie mit einer Schicht aus steifem Zement bedeckt, der durch die Zugabe von einem feinen Zuschlagstoff verstärkt wird. Dieser wird dann mit einem Netz aus feinem Maschendraht

überzogen, und bevor die erste Zementschicht fest geworden ist, wird eine weitere Schicht so auf die Außenseite des Drahtnetzes gepreßt, daß sie sich rings um den Maschendraht mit der darunterliegenden Zementschicht verbindet.

Nachdem man die Form zwei Tage lang unter feuchten Tüchern hat trocknen lassen, kann die fertige Nische vorsichtig aus ihrer Tonhülle herausgehoben werden. Man stellt sie nun aufrecht hin und spült mit einem Wasserschlauch alle Tonreste, die noch im Innern der Muscheln kleben, heraus, um ihre schönen perligen Innenflächen sichtbar zu machen.

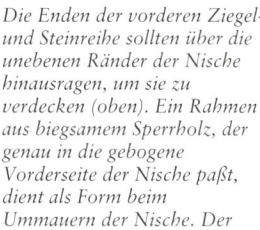

Die Enden der vorderen Ziegel- und Steinreihe sollten über die unebenen Ränder der Nische hinausragen, um sie zu verdecken (oben). Ein Rahmen aus biegsamem Sperrholz, der genau in die gebogene Vorderseite der Nische paßt, dient als Form beim Ummauern der Nische. Der

vorübergehend eingesetzte Rahmen hält die zum Mauern des Bogens verwendeten Ziegel oder Steine fest, bis der Mörtel abgebunden hat (oben). Die Mauer ist dann fertig, wenn zwei oder auch drei weitere Ziegel- oder Steinreihen über den Bogen gemauert worden sind.

Eine solche Grotte selbst herzustellen, kann sehr viel Spaß machen und ihre Phantasie anregen. Stellen Sie sich vor, wie erstaunt und befriedigt Sie sein werden, wenn am Ende das glitzernde Innere Ihrer Nischengrotte vollständig zum Vorschein gekommen ist.

Will man die Grotte nicht mit Muscheln auskleiden, dann kann man die Form einfach mit einer Schicht verstärktem Zement überziehen. Und wenn die Nische in die Mauer eingepaßt ist, kann man an vielen Stellen Löcher für verzinkte Schrauben bohren, die man wie Borsten aus der Nischenwand herausstehen läßt. Diese sind dann Sammelpunkte für den dünnen Zement, mit dem man die Innenseite der Nische mehrmals bewirft. Wenn dann der Zement von den Schraubenköpfen heruntertröpfelt, bilden sich interessante Stalaktitenformen.

Baut man eine Grottennische, kann man einen mysteriösen Effekt erzielen, indem man eine kleine Öffnung in der Kuppel läßt, durch die das Tageslicht eindringen kann. So entsteht ein Lichtstrahl, der wie ein Scheinwerferlicht im Theater die Skulptur oder das Objekt, das man in der Nische aufstellt, umheimlich leuchten läßt.

Felsblöcke

Besitzt ein Garten einen oder mehrere Hügel, so wirkt er fast immer schon deswegen romantisch. Viele Gärtner geben sich daher vielleicht mit der Wirkung dieser Form zufrieden, ohne sich darum zu kümmern, was sich unter dem Boden befindet. In vielen Fällen wären sie sicherlich erstaunt, welche Schätze ihnen dadurch entgehen. Zu den bemerkenswertesten Funden gehören große Felsblöcke, die nur ein oder zwei Fuß tief unter der Erde liegen.

Der beste Hinweis auf ihr Vorhandensein ist gegeben, wenn der sanfte Abhang von einem deutlich abgesetzten kleineren Hügel unterbrochen wird, der den Boden wieder in die Horizontale oder gar darüber bringt, bevor er wieder ziemlich steil abfällt. Wenn man von dieser steilen Seite her die Erde und das lose Felsgestein abträgt, ist es

höchst wahrscheinlich, daß ein stattlicher Felsblock oder eine ganze Felsader zum Vorschein kommt. In jedem Fall können die Felsen, wenn sie sichtbar gemacht werden, ein äußerst romantisches Gestaltungselement darstellen. Falls man keinen passenden Felsen in seinem Garten hat, kann man einen Block in der gewünschten Größe sogar in Steinbrüchen oder bei Baufirmen kaufen.

Um den Felsblock malerisch zu präsentieren, pflanzen Sie am besten einen schönen Baum wie eine schottische Kiefer oder eine Eibe direkt neben ihn. Wenn Sie Glück haben, schaffen Sie damit vielleicht einen Ort, wo niemand überrascht wäre, einer Kriegerin mit Helm zu begegnen, die in eine tiefe Altarie ausbricht.

FELSBLÖCKE
Ein Felsblock in einem Garten am Hang bietet einen wilden und romantischen Anblick, der auch künstlich geschaffen werden kann, indem man einen großen Felsblock in die passend hergerichtete Umgebung bringt. Große Felsen oder Gruppen interessanter Felsblöcke sind manchmal verantwortlich für abrupte Veränderungen in dem Gefälle der Hanggrundstücke; man kann sie bei Probegrabungen entdecken.

Ein Schatzgarten

Wenige Gärten bergen soviele Schätze in sich wie dieser: Baumkronen, die natürliche Bogengänge bilden, Kletterrosen, die sich von Mauerwerk und Säulen zum Boden neigen, Hosta mit ihren fleischigen Blättern, Iris mit ihren Schwertblättern und kleine Flecken sonnenbeschienenen Rasens sind seine wesentlichen Elemente. Ein mit Flint umbauter alter Steinbogen (rechts) nimmt sich in dem Waldgarten wie eine echte malerische, schaurige Ruine aus. Sie dient zugleich als markanter Sichtschutz, der dem Besucher die Geheimnisse eines anderen verlockenden Gartenteils vorenthält.

Die Leistung der Besitzer diesenartens ist wirklich bewundernswert. Zumal, wenn man bedenkt, daß die ganze Anlage das Ergebnis der Arbeit von nur zwei Leuten – zwei Brüdern – ist, die einen wirklich romantischen Garten auf einem Grundstück geschaffen haben, das zunächst wenig zu verheißen schien.

Obgleich der Boden um die alte Wassermühle und das Mühlenhaus fruchtbar ist, war das Land gestaltlos und flach. Ein einzelner alter Kastanienbaum und die Reste eines alten Obstgartens waren seine einzigen Vorzüge. Nun hat man gerade die Überbleibsel eines überwachsenen Entwässerungsgrabens zu einem der bemerkenswertesten Elemente des Gartens gemacht – zu einem Fluß mit mehreren Armen, der sich stellenweise zu großen Teichen ausweitet. Durch den Bau dieses aufwendigen Wassersystems – das Ziehen eines 30 m langen Kanals, der den Graben mit einem natürlichen Wasserlauf verbindet – hat man die Nachteile eines im wesentlichen flachen Geländes überwunden. Die letzten Schwächen dieser Lage wurden im Laufe der Jahre durch vertikale Bauelemente und eine wunderbar sensible Bepflanzung ausgeräumt.

Heute bietet der Garten so ziemlich alles, was einen Gartenliebhaber erfreuen kann: ebene Rasenflächen, breite, reich bepflanzte Rabatten, schattige Waldbereiche, Wasser und Wasserpflanzen, exotische Sumpfgebiete und außergewöhnliche Sumpfpflanzen, ja sogar einen Küchengarten.

Den Hauptteil des Gartens betritt man durch das Osttor auf dem Weg zu der größten der drei Rasenlichtungen. Sie ist auf beiden Seiten von hohen Hecken aus *Cedrus deodara* und *Magnolia campbelli* var. *mollicomata* umgeben. Zu den

RECHTS: Schatten- und feuchtigkeitsliebende Pflanzen wie Hosta und Iris haben sich hier zu großartigen kontrastierenden Laubhügeln entwickelt. Die zarten Rosen sind ein ausgezeichnetes Beispiel dafür, wie man einen romantischen und dennoch natürlichen Effekt erzielen kann. Die Mauer im Hintergrund ist mit einer kletternden kräftigen Rebe Vitis coignetiae *überwachsen.*

LINKS: Die Turmruine, die so aussieht, als stünde sie schon seit Jahrhunderten, wurde erst vor einigen Jahren erbaut. Sie beweist, was Amateure ohne viel Ausbildung zustandebringen können, wenn sie den Mut haben, etwas auszuprobieren und aus ihren Fehlern zu lernen. Hier wachsen Farne, Fingerhüte und andere schattenliebende Pflanzen und tragen zu der romantischen Atmosphäre dieses abgeschiedenen Winkels bei.

LINKS: *Eine extravagante Urne auf einem Sockel in der Nähe des Eingangs zum Waldgarten lenkt die Aufmerksamkeit von verschiedenen Bereichen des Grundstücks her auf sich und markiert den Anfang eines laubenähnlichen gemähten Rasenwegs, der sich zwischen den Bäumen und schattenliebenden Pflanzen schlängelt.*

Nördliche Lichtung

wichtigsten Gestaltungselementen gehört hier ein fast in der Mitte gelegener Seerosenteich, umgeben von einer gemischten Rabatte. Im Hintergrund befindet sich ein mit Steinplatten und Kopfstein gepflasterter Bereich, der den idealen Rahmen für einen wasserspeienden Löwenkopf und eine Sonnenuhr bildet.

In diesem Gartenteil gibt es noch einige alte Apfel- und Birnbäume. Hinzugekommen sind Kamellien, Rhododendron, *Ginkgo biloba*, Magnolien und *Betula jacquemontii,* deren weiße Rinden einen schönen Kontrast geben. Graswege, die sich durch den Wald schlängeln und am Rande dicht mit schattenliebenden Pflanzen wie Trillium, Alpenveilchen, Christrosen, Farnen und einer Unmenge frühjahrsblühender Zwiebelgewächse unterpflanzt sind, bieten fesselnde Blicke auf eine eindrucksvolle romantische Ruine.

Tief versteckt in einer Ecke des Waldes entdeckt man eine Grotte aus drei Zellen mit zwei großen Masken von Flußgöttern. Für die Herstellung der Grotte benötigten die Brüder zwei Winter, in denen sie einen riesigen Berg Steine auf dem Schubkarren durch den Garten transportieren mußten.

Der Waldrand ist mit beiden Lichtungen im Norden durch Brücken verbunden, von der eine die prachtvolle Nachbildung einer alten Brücke aus rundem Flint ist. Vom höchsten Punkt aus kann man dort hinter den Bögen einer *Picea breweriana* und einer goldenen Trauerbirke einen phantastischen hohen Turm erspähen.

Der 30 x 15 m große Küchengarten liegt an dem Turm und bildet einen großen Teil der Nordgrenze des Gartens, während sich hinter dem Haus ein anderer ummauerter Garten mit erhöhten Beeten befindet, wo vor allem Pflanzen für trockenere

Bodenverhältnisse und empfindlichere Pflanzen in einem Gewächshaus untergebracht sind.

Zum Rand des Mühlteichs auf der anderen Seite des zum Hause führenden Kieswegs gelangt man über eine Treppe und den Fußweg am Rand des Teiches. In diesem Gartenteil findet man Primeln, Astilben und eine Fülle anderer feuchtigkeitsliebender Pflanzen, außerdem Sumpfzypressen und elegant geformte Weiden.

Es fällt schwer, sich einen gelungeneren mittelgroßen romantischen Garten vorzustellen, da viele der klassischen romantischen Elemente hier vorhanden sind: Bogengänge, Grotten, Statuen in Nischen, phantastische Ruinen, ruhige und bewegte Wasseranlagen, eine geheimnisvolle Atmosphäre in den schattigen Waldgebieten und eine bestechende Auswahl von Pflanzen, Sträuchern und Bäumen.

LISTE DER PFLANZEN

NÖRDLICHE LICHTUNG
Davidia involucrata
Magnolia liliflora 'Nigra'
Picea breweriana
Fagus sylvatica ›Aurea Pendula‹
Catalpa bignoniodes ›Aurea‹

UFERBEPFLANZUNG:
Hosta, Primula, Astilbe, Rodgersia, Iris, Lysichiton, Caltha, Petaphyllum, Rheum Aarten

WALDGEBIET
Eucryphia nymansensis
Betula jacquemontii
Juniperus recurva ›Coxii‹
Metasequoia glyptostroboides
Magnolia × soulangeana
M. cordata

M. ›Leonhard Messel‹
M. stellata
M. sargentiana
M. campbellii var. mollicomata
Ginkgo biloba
Acer palmatum ›Dissectum‹
Prunus serrula
Cornus kousa chinensis
C. alternifolia ›Variegata‹
Cercis siliquastrum und *Malus, Pyrus, Camellia, Rhododendron-Arten, untergepflanztes Trillium, Cyclamen, Helleborus, Arisaema-Arten*

ÖSTLICHE LICHTUNG MÜLLEREI
Cedrus deodara
Prunus ›Tai-Haku‹
P. × hilleri ›Spire‹
Rosa banksiae ›Lutea‹

Wisteria floribunda
Cedrus atlantica
Mespilus germanica
Cryptomeria japonica ›Flegans‹ und *Primula, Astilbe*-Arten

MÜHLE UND MÜHLTEICH
Cupressus macrocarpa ›Lutea‹
Salix alba ›Tristis‹
Crataegus ›Rosea-plena Pendula‹
Taxodium distichum
Morus alba ›Pendula‹
Campsis ›Madame Galen‹
Rosa ›Mermaid‹

Ummauerter Garten

Fluß

Müllerei

Mühle

Küchengarten

Mühlteich

Östliche Lichtung

Gotische Ruine

Die Bepflanzung des Gartens

Ebenso wie gewisse Gartenstatuen – etwa Eros oder Diana – eine romantischere Atmosphäre schaffen können als zum Beispiel Caesar oder Boadicea, gibt es auch Pflanzen, die einen Garten in einen wunderbaren Zauber zu tauchen vermögen, während andere völlig ausdruckslos wirken. Es geht also darum, die echten Juwelen auszusuchen, wie die schottische Bibernell-Rose *Rosa spinosissima* mit ihren kleinen cremig-weißen Blüten, die schrecklich vulgären Dahlien mit ihren riesigen, kräftig orangefarbenen Blüten von der Größe eines Fußballs dagegen zu meiden. Man sollte auch spezialisierte Gärtnereien aufsuchen und Gleichgesinnte finden, von denen man Samen und Stecklinge erbitten kann.

Eine üppige, dichte Bepflanzung ist genauso wichtig wie die Auswahl und das Nebeneinandersetzen der Pflanzen. Die Folge davon ist, daß viele Gartenbereiche zum Teil oder ganz im Schatten von Laubwerk liegen. Schattenliebende Pflanzen werden dann mindestens die Hälfte des Gartens einnehmen, aber trotzdem gibt es immer noch genügend Möglichkeiten, sonnenliebende Gewächse – zum Beispiel Pflanzen mit silbrigem Laub – an Stellen unterzubringen, wo sie an einem Sommertag über mehrere Stunden dem vollen Sonnenlicht ausgesetzt sind.

Eine Gartenplanung muß von den schon vorhandenen Elementen ausgehen und sie entsprechend ihrer Eigenschaften und den Gefühlen und Assoziationen einsetzen, die sie wecken. Pflanzen müssen in gleicher Weise angesehen werden, also nach der Struktur und Art ihrer Blüten, ihres Laubs und sogar ihrer Rinde. So haben Pflanzen mit dünnen Stielen, die sich aus einer Krone in der Mitte erheben und wie eine Fontäne in Bögen zur Erde hinabfallen, etwas höchst Anmutiges. Einige Rosensorten wie die *Rosa moyesii* oder die herrliche graulaubige *Rosa rubrifolia* besitzen diese Eigenart und bilden eine wunderbare Ergänzung zu dem eher düsteren Charakter einer Eibe oder eines Wacholders. In geringerem Maß haben das Salomonssiegel *Polygonatum multiflorum* oder die altmodische Bauerngarten-Montbretie *Crocosmia masonorum* diesen anmutigen Wuchs und passen daher ausgezeichnet zu den kräftigen Hügeln der *Bergenia cordifolia*. Man sollte auch immer bedenken, daß Pflanzen wie Menschen unterschiedliche Charaktere haben – sie können heiter, beherrschend, launisch, schüchtern, elegant oder sogar unheimlich sein.

Viele Pflanzen in diesem Kapitel sind spezielle Arten oder alte Gartenzüchtungen, die sich durch schlichte Schönheit und feinen Liebreiz auszeichnen, wenngleich sie normalerweise nicht so lange blühen wie die vielen modernen Hybriden: der scheue Reiz der wilden Kissenprimel (*Primula vulgaris*) und der Schlüsselblumen (*Primula veris*) machten sie zu ersten Anwärtern für den romantischen Garten. Polyanthaprimeln mit ihren krassen Farbtönen und ihren steifen Stielen sollte man dagegen eher vermeiden.

Eine große Zahl der verwendeten Pflanzen sind Kletterpflanzen, weil vertikale Flächen, die begrünt werden müssen, in den meisten Fällen die Gartengrenzen bilden. Darüber hinaus können die

In einem romantisch gestalteten Garten sollen die Besucher mitunter das Gefühl haben, von einem exotischen Dschungel fast verschlungen zu werden. Ohne das Erlebnis eines solchen Pflanzendickichts nehmen sie den stimulierenden Kontrast, in eine offene Lichtung zu treten, nicht wahr. Der Garten hier ist ein Beispiel für eine derartige Bepflanzung – sie ist so dicht, daß man wie durch Laubtunnel schreitet. Im dunkelsten Schatten auf der linken Seite leuchten die kräftig rosafarbenen Blüten der Camellia ›Contessa Lavinia Maggi‹. *Auf ihrer rechten Seite heben sich die panaschierten Blätter des Bambus* Sasa veitchii *und das blasse Grün einer Magnolie von den glänzenden dunkelgrünen Blättern der Kamellie ab. Geht man einige Schritte am Teich entlang, entdeckt man eine erstaunliche Vielzahl von Pflanzenformen, angefangen von den schlanken Blättern der* Iris pallida *bis hin zu den spitzen feinen Fransen der Farne* Osmunda regalis *und* Onoclea sensibilis.

Krautartige Pflanzen sollten in romantischen Gärten immer in großen Gruppen gesetzt werden, damit sie dicke Tuffs bilden, die dann im Sommer zu einem rauschenden Farbenmeer zusammenfließen. Um sich in einer so gedrängten Fülle deutlich voneinander abzuheben, müssen die Pflanzen entweder von stattlicher Größe sein, wie die Glockenblumen in blauem Mauve (am Ende des rechten Beets), eine kräftigere Farbe besitzen wie der dunkelblaue Rittersporn, sich durch charakteristische Blattformen auszeichnen wie die grasartige Montbretie rechts vom Weg, oder besonders sichtbar plaziert sein, wie die silbernen und weißen Perlpfötchen, die davor und dahinter zu sehen sind.

Hier wurde mit einem begrenzten Farbspektrum ein herrliches Gefühl von Harmonie geschaffen. Blautöne herrschen vor: Im Vordergrund die tonangebenden Stiefmütterchen, deren Blau von den rein mittelblauen Blütenähren der Salvia nemorosa (Mitte oben) und den blaßblauen Ritterspornhybriden (oben rechts) wieder aufgenommen wird. Der immergrüne Kugelbuchs dient als Hintergrund für die hohen weißen Blüten der Achillea decolorans und die weißen Glocken der Malva moschata ›Alba‹, die im Vordergrund einen schönen Kontrast dazu bilden.

Kletterpflanzen auch eine ähnliche Rolle übernehmen wie die Perlenvorhänge, die in heißen Gegenden in den Eingängen hängen und das Licht nur teilweise hindurchdringen lassen.

Es gibt Kletterpflanzen, die schnell und üppig wachsen und sogar Blütenkaskaden hervorbringen, wie der altmodische sommerblühende Jasmin *Jasminum officinale.* Am selben Ort können die großen überlappenden Riesenblätter des dekorativen Weins *Vitis coignetiae* früh im Jahr einen plastischen grünen Vorhang bilden, der sich im Herbst in tiefstes Dunkelrot wandelt.

Obwohl ein romantischer Garten wie ein idyllischer Ort wirken sollte, den man ganz unerwartet entdeckt, verlangt er viel Überlegung und Planung, wenn jedes Gefühl einer künstlichen Schöpfung vermieden werden soll. Pflanzschemen, Pflanzungen in Bändern oder in gleichmäßigen Abständen sind geradezu ein Widerspruch zum romantischen Garten.

WIRKUNGEN AUF DIE SINNE

Farbe und Duft haben vielleicht die unmittelbarste und oft heftigste Wirkung auf die Sinne. Die Schriftstellerin Mary Webb nannte den Duft »die Stimme der unbelebten Dinge« – und manche Pflanzendüfte können alte Erinnerungen wecken und rufen vergangene Erfahrungen oder sogar bestimmte Gefühlszustände ins Gedächtnis zurück. Manchmal wird man plötzlich von einem Duft und allem, was er mit sich bringt, überfallen, noch bevor man seine Quelle wahrgenommen hat. Für viele von uns erweckt der schwere Duft der Holunderblüten und das beißende Aroma ihrer zerriebenen Blätter Erinnerungen an die Kindheit, in der wir unter seiner gastlichen Krone ein Versteck für unvergeßliche Spiele gefunden haben.

Auch die Farbe ist wichtig, wenn eine romantische Atmosphäre geschaffen werden soll, man muß dabei aber vor allem darauf achten, feine Farbtöne auszuwählen. Viele Farben, die man den modernen Pflanzenzuchttechniken verdankt, sind grell und wirken künstlich; sie erinnern mehr an Plastik als an natürliche Stoffe. Wenn sich solche Farben im Garten finden, insbesondere wenn unnatürlich große Blumen sie tragen, hat man eher das Gefühl, in einer Flughafenhalle oder Bürokantine zu sein und nicht in einem romantischen Garten, der ja gerade ein Zufluchtsort aus dieser Welt sein soll.

Der Gebrauch der Farben
Weiß, die Farbe jungfräulicher Reinheit, paßt immer in einen romantischen Garten. Mit ihr kann man wunderbar helle Lichtpunkte in dunkle Ecken bringen. Wählt man seltenere Pflanzen mit weißen Blüten – zum Beispiel *Wisteria sinensis* ›Alba‹ oder die weiße Form der einjährigen Bechermalve *Lavatera trimestris* ›Mont Blanc‹ –, gibt das dem romantischen Gefühl einen Hauch von Exotik.

Pastelltöne wie Rosa, Blau und Mauve sowie cremiges Gelb sollten in der Palette vorherrschen, wobei man nur gleichfarbige Pflanzen in großen

105

Gruppen zusammensetzen sollte. Ein anderer, ebenso überzeugender Pflanzplan besteht darin, eine Hauptfarbe zu wählen und ein oder zwei Nebenfarben als Kontrast dazuzusetzen, oder aber verschiedene Farben in größeren Tuffs zu verwenden, die gut miteinander harmonieren.

Erstaunlicherweise sind ganz reine, zarte Gelbtöne und lebhafte Rottöne in kleinen Mengen gut geeignet, dem romantischen Farbspiel einen klaren Grundton zu verleihen und zu verhindern, daß es zu süßlich wirkt. Zum Beispiel können ein paar Tupfer der kräftig magentaroten Blüten der Vexiernelke *Lychnis coronaria* ›Abbotswood Rose‹ wie Schmetterlinge vor einem dunkleren Hintergrund schweben oder einen wolkigen Hügel von weißem Schleierkraut mit ein paar leuchtenden Funken sprenkeln.

Dunkle Blau- und tiefe Violettöne sollten auf besondere Gartenbereiche beschränkt sein, sie können aber zu einer prächtigen, dramatischen Atmosphäre beitragen, vielleicht in der Nähe einer Statue oder eines anderen Blickpunkts. Clematis und Rittersporn liefern Blau- und Violettöne wie Samt, zum Beispiel *Clematis viticella, C. Jackmanii* ›Superba‹, *Delphinium cheilanthum* ›Lamartine‹, *D. elatum* ›Black Knight‹ und *D. elatum* ›Faust‹. Dunkle Farben werden zwar weniger leicht wahrgenommen als blasse, sind deswegen aber nicht weniger romantisch.

Pflanzen mit grünen oder grünlich weißen Blüten wirken etwas eigenartig, aber recht reizvoll. Die korsische Christrose *Helleborus corsicus* und die sogenannte stinkende Christrose *H. foetidus* haben im Frühjahr blaßgrüne, nickende, glockenförmige Blüten. Andere Blumen mit grünen Blüten sind die Sterndolde *Astrantia carniolica major* mit ihrem grünlich rosafarbenen Leuchten, der beliebte und leicht erhältliche Tabak *Nicotiana* ›Lime Green‹ und die Zinnie *Zinnia* ›Envy‹. Die eigenartigen blaßgrünen Blüten der Wolfsmilch sind genau genommen überhaupt keine Blüten, sondern Brakteen. Zu den schönsten gehört die immergrüne Wolfsmilch *Euphorbia robbiae* mit ihren Blattrosetten, die eher wie dunkelgrüne Blüten ausse-

LINKS: *Pflanzen mit silberfarbenem Laub verzaubern immer durch ihr Aussehen, da sie sogar an trüben Tagen ein wenig wie die Sonne schimmern. Hier wird eine elegante weißblühende Königskerze von einer Gruppe Perlpfötchen mit silbernen Blättern eingerahmt. Wie viele silberblättrige Pflanzen bekommen auch sie weiße Blüten, eine Tatsache, die die Bepflanzung einer ausschließlich in Silber- und Weißtönen gehaltenen Rabatte relativ einfach macht.*

hen, und *E. characias* mit ihrer dekorativen Form und ihren eleganten, graugrünen Blättern.

Je nachdem, wie Farben in einem Garten oder einem besonderen Gartenteil arrangiert werden, können sie auch optisch täuschen. Der herkömmliche Trick besteht darin, Blumen mit kräftigen Farben in den Vordergrund zu pflanzen und weniger intensive Variationen derselben Farben unmittelbar dahinter zu setzen. Auf diese Weise wird das Gefühl von Perspektive übersteigert, und der Raum erscheint viel größer.

Silbrige Pflanzen tragen viel dazu bei, einem dunkleren Hintergrund Kontrast und Leichtigkeit zu geben. Sie wirken wie Folienstreifen, die bei der leisesten Bewegung funkeln und verzaubern. Diese Pflanzenkategorie umfaßt ein Spektrum von Strukturen und Farbtönen, das sich von dem sanf-

RECHTS: *Weißblühende Pflanzen wirken stets sehr anziehend. Der Meerkohl* Crambe cordifolia, *der sich hier zu einer prächtigen Wolke aus duftenden weißen Blütensternen entwickelt hat, gehört zu den romantischsten Stauden. Neben dem eher kräftigen Laub der weißen Rose und den dekorativen Blättern der Hosta im Vordergrund sieht er beinahe wie ein Nebelschleier an einem sonnigen Morgen aus. Er sollte in einem Gartenbereich verwendet werden, in dem man eine poetische Stimmung wecken möchte.*

ten, blassen Blau des Eucalyptus bis hin zu dem grünlichen Grau und wolligen Weiß der Helichrysumarten bewegt.

Von den »Silber«bäumen wächst der ›Cider gum‹ *Eucalyptus gunnii* sehr schnell; man kann ihn aber in einem kleineren Garten zu einer Strauchform zurückschneiden. Noch feiner in seinem Erscheinungsbild, aber nicht frosthart, ist der schmalblättrige *Eucalyptus nicholii*. Die weiße Pappel *Populus alba* wächst beeindruckend schnell – für den kleineren Garten wahrscheinlich zu schnell –, aber ihre weißen, filzigen Blätter sind ausnehmend schön, besonders, wenn sie vom Wind bewegt werden. Besser geeignet ist vielleicht die Eberesche *Sorbus aria* ›Lutescens‹. mit ihren ganz besonders silbrigen jungen Blättern und die beliebte Trauerbirne *Pyrus salicifolia* ›Pendula‹.

Seltener, aber genauso schön ist die Schneebirne *Pyrus nivalis*. Ihre jungen Triebe sind mit dicker, weißer Wolle bedeckt und ihre Blätter und Blüten sind reinweiß. In Mittelmeergegenden verleiht der Olivenbaum *Olea europea* der ganzen Landschaft schimmernden Glanz. Eine Alternative für kühlere Gegenden ist die Ölweide *Eleagnus angustifolia*, die manchmal Oleaster oder verwilderter Ölbaum genannt wird.

Unter den kleinen Sträuchern kann man aber das schönste silbrige Laub entdecken: Die immergrüne *Artemisia arborescens* hat besonders entzückende filigrane silberne Blätter. Die seidigen Haare der Silberwinde *Convolvulus cneorum* scheinen der ganzen Pflanze Glanz zu verleihen und ergänzen seine ebenfalls seidig wirkenden weißen Blütentrompeten aufs feinste. Es gibt verschiedene Zweigweiden, von denen *Salix lanata* und *S. repens* var. *argentea* mit ihrem wolligen Haarkleid auf den Blättern besonders wirkungsvoll sind.

Das Zypressenkraut *Santolina chamaecyparissus* var. *corsica* hat filigranes silbriges Laub. Lavendel, insbesondere die altmodische *Lavendula angustifolia*, die manchmal als *L. spica* oder *L. officinalis* verkauft wird, hat ebenfalls silbrige nadelähnliche Blätter.

Einige Koniferen wirken bei bestimmter Beleuchtung, insbesondere in dunstigem Sonnenlicht, ganz silbern. *Cupressus glabra* ›Pyramidalis‹ hat einen graugrünlichen Blauton, während die Koniferen *Juniperus squamata* ›Blue Carpet‹ und *Picea pungens* ›Koster‹ einen stark silbrigen Blauton zeigen.

Die Auswahl silberblättriger krautartiger Pflanzen ist riesig und umfaßt viele Artemisienarten, zum Beispiel *Artemisia absinthum*, *A. lactiflora* und *A. stellerana*, ebenso wie die überall zu findende altmodische Katzenminze *Nepeta* x *faassenii*, die oft als *N. mussinii* verkauft wird.

Silberfarbene Pflanzen benötigen alle volle Sonne und einen nährstoffarmen trockenen Boden, um ihre Blattfarbe vollständig zu entwickeln. Die widerstandsfähigste silberfarbene Pflanze ist das Kreuzkraut *Senecio* ›Sunshine‹, das sich auch in leichtem Schatten gut entwickelt, aber mit seinen runden Blättern nicht so fein wirkt wie einige der filigranen silberblättrigen Pflanzen. Das nah verwandte Kreuzkraut *Senecio cineraria* ist weniger frosthart und wird gewöhnlich als halb frosthart einjährige Pflanze in Beetpflanzungen verwendet.

Der Umgang mit den Düften

Duftpflanzen sollten gleichmäßig im ganzen Garten verteilt und so ausgewählt werden, daß sie zu verschiedenen Jahreszeiten ihre Düfte verströmen. Auf den Winterduft, zum Beispiel von der Winterblüte *Chimonanthus praecox*, kann der Frühlingsduft, etwa von der gefüllten Jonquille *Narcissus jonquilla flore pleno*, folgen, der dann von den intensiven Sommerlilien-, Jasmin- und Rosendüf-

ten abgelöst wird. Sogar der Herbst kann mit seinem köstlichen Duft von reifen Äpfeln und Quitten und dem unverkennbaren Aroma der Chrysanthemenblätter aufwarten.

Auch sollte man nicht vergessen, daß einige Pflanzen in der Nacht und andere während des Tages duften. Abendliche Spaziergänge durch einen Garten in einer Luft, die schwer ist von den süßen Düften des Tabaks *Nicotiana*, der Abendlevkoje *Matthiola bicornis* oder einer der verschiedenen Engelstrompeten *Datura* sind berauschende Erlebnisse.

UNTEN: *Ein wunderschöner Laubengang wurde mit einer herrlichen Reihe von Duftpflanzen eingefaßt, die den Besucher in ihren berauschenden Duft einhüllen. Die einzelnen Bögen sind mit Geißblatt und Rosen bewachsen, den Rand des gepflasterten Wegs säumen duftender Tabak, Stiefmütterchen und Nelken, und der Spaziergänger wird entzückende mauvefarbene Thymianpolster entdecken.*

RECHTS: *Die wohlriechende Wicke* Lathyrus odoratus *mit ihrem berauschenden Duft und ihren pastellfarbenen Blütenblättern, die uns lange Zeit mit ihren Blüten erfreut, darf in keinem echten romantischen Garten fehlen. Obgleich sie jede für sie vorgesehene Stütze schnell bedeckt, sehen die beschnittenen Zweige von Heckenpflanzen wie Weißdorn natürlicher aus, wenn sie im Winter unbedeckt sind. Aber der Romantik halber sollten sie lieber in die Nähe anderer Sträucher gepflanzt werden, durch die sie hindurch- und an denen sie hinaufklettern, wo immer sie zum Licht finden können. Wird ein frühblühender Strauch dafür ausgewählt, so geben ihm die später blühenden Wicken noch einmal Gelegenheit, zur Schönheit des Gartens beizutragen.*

Die verschiedenen Seidelbaste wie *Daphne laureola, D. mezereum* und *D. odora* können in den kältesten Wintertagen einen Garten mit ihrem Duft erfüllen. Andere Pflanzen benötigen eine wärmere Luft oder besondere Lichtbedingungen, bevor ihr Duft wahrgenommen werden kann. Das köstlich würzige Aroma, das die Rinde der Winterrinde *Drimys winteri* und der *Magnolia soulangeana* ausströmt, wird noch stärker, wenn das Holz mehrere Stunden lang direktem Sonnenlicht ausgesetzt war. Deshalb sollten die Sträucher an einen sonnigen Ort gepflanzt werden. Auch nach Süden oder Westen gerichtete Stein- oder Ziegelmauern speichern die Sonnenwärme und verstärken den Duft der Pflanzen.

Ein Duft kann immer besser in einer möglichst ruhigen Atmosphäre wahrgenommen werden, wo er seine Wirkung lange entfalten kann. Deshalb erlebt man ein Aroma in eingefriedeten Gärten oder an ruhigen Abenden immer besonders intensiv. Als allgemeine Regel gilt, daß Duftpflanzen in der Nähe des Hauses, am Rande eines häufig benutzten Fußwegs, rings um eine Terrasse oder einen Baum stehen sollten.

Francis Bacon spricht von anderen Blattdüften: »… diejenigen, die die Luft mit dem köstlichsten Duft erfüllen und an denen man nicht vorbeigeht wie an den anderen, sondern die man unter den Füßen zertritt, sind drei: Pimpinelle, wilder Thymian und Wasserminze. Deshalb sollte man ganze Alleen mit ihnen bepflanzen, um sich an ihrem Duft zu erfreuen, wenn man darüberspaziert.« Kriechender Thymian *Thymus serpyllum* und nach Zitronen duftender Thymian *T.* x *citriodo-*

rus, Poleiminze *Mentha pulegium* und Römische Kamille *Anthemis nobilis* können zwischen Pflastersteine gesetzt werden, wenn man keinen traditionellen Kräuterweg anlegt.

Der Duft der Blätter wird in der Hitze noch stärker, besonders, wenn die Pflanzen nach starkem Regen in der Sonne trocknen. Am stärksten duften die Blätter, wenn sie leicht berührt oder zwischen den Händen zerrieben werden. Wenn man nur das Laub des Zitronenstrauchs *Lippia citriodora* anfaßt, dann schlagen einem Wellen frischen Zitronenaromas entgegen. Bacons Pflanzenliste könnte man noch folgende Kräuter hinzufügen: Das Zypressenkraut *Santolina chamaecyparissus* und die mehr locker wachsende *S. neapolitana*, Rosmarin *Rosmarinus officinalis*, die verschiedenen Artemisien, Lorbeer *Laurus nobilis* und den Küchensalbei *Salvia officinalis*. Die Minzearten haben ein so kräftiges Aroma, daß man es noch aus weiter Entfernung wahrnimmt. Sie gehören zu den wenigen Kräutern, die im Halbschatten gedeihen.

Die Duftgeranien sind zwar nicht winterhart, bieten aber eine Vielfalt romantischer Düfte: *Pelargonium crispum* riecht nach Zitronen; *P.* x *fragrans* nach Muskat; *P.* ›Lady Plymouth‹ und *P.* ›Attar of Roses‹ nach Rosen; *P.* ›Prince of Orange‹ nach Orangen; und *P. tomentosum* mit den pelzigen Blättern nach Pfefferminze.

Würzige nelkenähnliche Düfte und Aromen, wie Schneeball, besonders *Viburnum carlesii* und *V. burkwoodii*, duften im Frühling wunderbar. Nelken wie *Dianthus carophyllus* und *D.* x *allwoodii* sind im Sommer besonders beliebt; sie lösen die Bartnelke *Dianthus barbatus* ab, die im späten Frühjahr blüht. Die Gladiole *Gladiolus tristis* verbreitet an milden Frühlingsabenden ihr Aroma, und die Blüten einiger Geißblattarten, etwa von *Lonicera japonica*, *L. periclymenum* und *L. hildebrandiana*, geben dem ganzen Garten ihren Sommerduft.

Der Duft der Rose ist vielleicht der bedeutungsschwerste, und eine Kollektion von Rosen kann eine große Vielfalt wunderbarer Gerüche bieten.

ROMANTISCHE FORMEN

Bei der Planung eines romantischen Gartens spielt auch die Auswahl geeigneter Pflanzenformen eine wesentliche Rolle. Manche Sträucher und Bäume – zum Beispiel der Korkenzieherhasel *Corylus avellana* ›Contorta‹ oder die Weide *Salix matsudana* ›Tortuosa‹, oder die Rotbuche *Fagus sylvatica* ›Tortuosa‹ – haben von Natur aus eine dramatische Form, weil ihre Stämme und Äste seltsam verdreht wachsen und die Aufmerksamkeit auf sich ziehen. Derartige Formen sind dazu angetan, eine geheimnisvolle Atmosphäre zu unterstreichen oder besonderen Gartenbereichen eine großartige Wirkung zu verleihen.

RECHTS: *Es ist faszinierend, darüber nachzudenken, warum dieser japanische Ahorn eine so verdrehte Form annehmen mußte, um zu überleben. Um ihn herum ließe sich wunderbar ein geheimnisvoller Gartenbezirk gestalten – ein Platz, der das Erlebnis, poetischere Gartenteile zu durchwandern, noch süßer machen würde.*

LINKS: *Die Blütenform spielt auch eine wichtige Rolle. Starke romantische Wirkungen können durch großartige volle Blüten in intensiven Farben wie diese Hybride der Iris germanica erzielt werden. Meist rufen dunklere Farbtöne und vollere Blütenformen ein stärkeres Gefühl von Geheimnis und Melancholie hervor.*

Hortensien wie diese Zuchtform der Hydrangea serrata *haben Blüten, die wie schwere barocke Halsketten herabfallen. Im Winter kahl, treiben sie schon früh im Jahr reizvolle Blätter aus, die sie erst spät im Herbst abwerfen. Hortensien sind Hügel bildende Sträucher, die freistehend sehr schön aussehen. Man kann sie aber auch vor eine Mauer pflanzen, wo sie die Eintönigkeit der kletternden und kriechenden immergrünen Pflanzen durch ihre Farben reizvoll unterbrechen.*

Die Natur schafft auch ihre eigenen Skulpturen. Oft geschieht es, daß der noch junge Hauptstamm eines Baumes irgendwie beschädigt wird und später mehrere Stämme aus dem Boden emporwachsen. Diese mehrstämmigen Bäume können sehr schön sein, und eine einzige Silberbirke kann sich in einer Landschaft wie ein reizvolles Gebüsch ausnehmen. Auch während des Wachstums können Bäume seltsame Formen entwickeln. Um ans Licht zu kommen, mußten sich die beschatteten Äste vielleicht drehen und wenden, oder aber sie mußten länger werden oder mehr in die Breite wachsen. Der Grund für diese Verdrehungen verschwindet später vielleicht – möglicherweise wurde ein überhängender Baum abgeholzt, nachdem er in einem Sturm beschädigt worden war, oder er wurde so gewaltig, daß er entfernt werden mußte. Wenn der Baum, dem es vorher an Licht fehlte, nun völlig frei steht, tritt seine merkwürdige Form deutlich hervor und kann dazu benutzt werden, ein neues, interessantes Gartenbild zu schaffen. Fast alle sehr alten Bäume wirken irgendwie groß-

RECHTS: *Seine transparenten seidenen Blütenblätter und seine erregende Farbe machen den Klatschmohn* Papaver rhoeas *zu einer der wichtigsten Pflanzen des romantischen Gartens. Obwohl er auch in dicken Tuffs in einem Beet zwischen anderen krautartigen Pflanzen gedeiht, sieht er am schönsten aus, wenn er verstreut auf einer Wiese sprießt, wo er mit anderen wild wachsenden Blumen und Gräsern um die Wette zu wuchern scheint.*

RECHTS: *Wenige Blumen haben so volle und zerzauste Blütenformen wie die Pfingstrosen. Die prachtvolle Gestalt und das intensive Rot der* Paeonia ›Robert W. Austen‹. *vermögen sogar die düsterste Ecke eines Gartens aufzuhellen. Pfingstrosen sind wunderbar geeignet, den Besucher in Gartenbereiche zu locken, in denen man Bäume um des Schattens willen frei hat wachsen lassen.*

artig, und sie sollten schon deshalb möglichst erhalten werden. Ihre knotige, rauhe Rinde schafft oft eigenartige Bilder, die man für Medusenhäupter oder Gesichter von Waldgeistern halten möchte.

Bäume mit gedrehten Formen lassen unwillkürlich die Frage aufkommen, was sich hinter diesen Bildern wohl verstecken mag. Jeder romantische Gärtner sollte versuchen, solche Wirkungen hervorzurufen, und mit etwas Geduld kann man kleine Bäume mit Korkenzieherstämmen selbst ziehen. Die Seitentriebe von jungem Buchs *Buxus sempervirens*, Schneeball *Viburnum tinus* oder Lorbeer *Laurus nobilis* sollten, sobald sie sich entwickeln, rigoros abgeschnitten und die biegsamen Hauptstämme in sich verdreht und während des Wachstums fest an dicke Pfähle gebunden werden. Wenn sie die gewünschte Größe erreicht haben – normalerweise 1 m oder mehr –, kann man die Seitentriebe wachsen lassen, damit sie eine Krone bilden können. Zwei Bäume dieser Art als Eingangspaar zu einem dunklen, von Sträuchern gesäumten Weg wirken sehr eindrucksvoll. Liebliche üppige Blüten, etwa alte Strauchrosen, sollten den ebenfalls großen, aber steif und künstlich wirkenden Chrysanthemen oder Begonien vorgezogen werden. Die Pfingstrose *Paeonia officinalis* ›Rubra Plena‹ mit ihren dunkel karmesinroten kohlartigen Blüten eignet sich gut, ebenso die riesigen chinesischen Pfingstrosen *Paeonia lactiflora* und ihre Zuchtformen. Ähnlich üppige dekorative Blüten zeigen die orientalischen Mohnsorten, wie der blutrote *Papaver orientale* ›Goliath‹ und der kräftig orangefarbene *P. o.* ›Mary Queen‹.

Kaskaden- und Bogenformen

Pflanzen, deren Form an stürzende Wasserfälle erinnert, verbinden ein Gefühl von Bewegung mit dem von Heiterkeit, der aber auch ein Hauch von Traurigkeit anhaftet, wie ja das für viele Pflanzen verwendete Beiwort »Trauer-« besagt: Bäume und Sträucher mit solchen Formen können als Versteck oder als Treffpunkt für heimliche Verabredungen dienen. Kinder spielen gerne unter dem grünen Dach einer Trauerweide, und Erwachsene können dort Zärtlichkeiten austauschen. Daher sollte selbst in dem kleinsten Garten Raum für wenigstens eine Trauerpflanze sein. Die traditionelle Trauerweide *Salix* x *chrysocoma* ist für diesen Zweck oft zu groß, ebenso die wunderschöne Trauerlinde *Tilia petiolaris*. Besser geeignet sind die amerikanische Trauerweide *Salix purpurea* ›Pendula‹ mit ihren purpurfarbigen Zweigen, die mitunter eine Höhe von 4,50 m erreicht, und die noch kleinere Weide *S. caprea* ›Pendula‹ mit einer Höhe von nur 2 m.

Der ungewöhnliche Trauerbuchs (*Buxus sempervirens* ›Pendula‹) entwickelt sich zu einem hügelähnlichen Strauch, kann aber auch als kleiner Baum gezogen werden. Obwohl er nicht mit Blüten aufwarten kann, bietet sein glänzendes immergrünes Laub das ganze Jahr über einen wohltuenden Anblick.

Es gibt verschiedene wunderschöne Trauerformen der Frühjahrskirsche *Prunus subhirtella* mit

RECHTS: *Pflanzen mit biegsamen Stengeln, die bogig wachsen, sind ein wichtiger Bestandteil in romantischen Gärten. Man kann sie frei wachsen lassen, an dem steiferen Geäst einer anderen Pflanze oder an einer Stütze befestigen. Hier schmückt eine Rose einen Bogen aus Apfelbaumzweigen. Nachdem dieser Bogengang geschaffen war, war es wichtig, noch ein anderes hervorstechendes Gestaltungselement im Garten zu haben, etwa die großen breitblättrigen Rodgersien und die fedrigen Astilben, die das Auge durch den Bogen in den hinteren Teil des Gartens locken.*

LINKS: *Wenige Blütenstände sind romantischer als die langen Zöpfe von Glyzinen wie der* Wisteria floribunda *›Alba‹. Sie betonen die Bogenform, die diese wunderschönen Pflanzen annehmen, wenn man sie frei wachsen läßt oder nur bis zu einer gewissen Höhe mit einem Holz- oder Metallrahmen in der Mitte abstützt.*

gebogenen Haupt- und hängenden Nebenästen. Die einzelnen Blüten der *P. s.* ›Pendula Rubra‹ sind klein und dunkelrosa gefärbt. Die Form *P. s.* ›Pendula Plena Rosea‹ hat halbgefüllte Blüten und eine ähnliche Farbe, und *P. s.* ›Pendula Rosea‹ entwickelt sich zu einem pilzförmigen Baum mit dunkelrosa Blüten, die zu einem zarten Rosa verblassen.

Buddleia alternifolia hat kaskadenartige Zweige, die im Sommer mit einer Menge kleiner lilafar-

bener Blüten geschmückt sind. Die ungewöhnliche Form *B. a.* ›Argentea‹ hat mit silbrigen Härchen überzogene Blätter, so daß sie von weitem wie eine in Silber getauchte Trauerweide aussieht.

Einen Kaskadeneffekt kann man auch dadurch erreichen, daß man eine Kletterpflanze durch einen Strauch oder Baum wachsen und, wenn sie die gewünschte Höhe erreicht hat, herunterhängen läßt. Eine andere Möglichkeit ist, Kletterpflanzen an Holzpfählen oder anderen für diesen Zweck angefertigten Stützen hochzuziehen und aus der Höhe wieder hinabfallen zu lassen. Auf diese Weise läßt sich auch ein reizvoller kleiner Kaskadenbaum ziehen. Man schneidet zum Beispiel eine Glyzine oder Kletterhortensie bis auf zwei Stämme zurück, windet diese umeinander und stützt sie während ihres Wachstums ab (dabei müssen die Seitentriebe immer wieder entfernt werden), und bei einer Höhe von 2,50 m beschneidet man die Spitzen, damit sie eine buschige, kaskadenartige Krone bilden können. Hübsch wirkt auch eine Kletterpflanze wie die Clematis, die sich ihren Weg bis zur Spitze eines Baums sucht und über das dunkle Baumdach zum Boden herabfließt.

Die Glyzine, vor allem die japanische *Wisteria floribunda* ›Macrobotrys‹ entwickelt ihre eigenen duftenden Blütenkaskaden an oft 1 m langen Rispen. In Japan wird sie nach alter Tradition über dekorative Brücken gezogen, wo die Blütenrispen mitunter eine Länge von 1,80 m erreichen.

Kathedralen mit ihren steil aufstrebenden Bögen haben eine inspirierende, erhebende Wirkung auf die Lebensgeister; im Garten wirken bogenbildende Pflanzen in ganz ähnlicher Weise. Die Ginster, insbesondere die *Cytisus*arten und ihre Zuchtformen, sind typische bogenbildende Pflanzen. *Cytisus* x *praecox* ›Warminster‹ bildet einen dicht verzweigten Strauch von 1,80 m Höhe und Breite und ist im Frühling mit blaßgelben Blüten, die Sorte ›Albus‹ mit weißen Blüten und die Sorte ›Allgold‹ mit sattgelben Blüten bedeckt. Die sich selbst beschreibende Sorte ›Gold Spear‹ wird nur halb so groß und ist deshalb gut für kleinere Gärten geeignet. Manche mögen jedoch den

schweren Duft des ›Warminster‹-Ginsters nicht, deshalb ist der wunderschöne, halb gebogene, halb niederliegende *C.* x *kewensis* mit seinen cremefarbenen Blüten vielleicht die bessere Wahl. Von den *Genista*arten bildet *G. lydia* einen niedrigen, weit ausgebreiteten Hügel aus gebogenen Zweigen mit leuchtend gelben Blüten im späten Frühjahr und frühen Sommer. Dieser Ginster eignet sich vorzüglich zum Bewachsen von Mauerkrönungen, über die er seine Zweige elegant zum Boden hinabhängen läßt.

Fuchsien, zum Beispiel *Fuchsia magellanica*, die sich für Hecken eignet, wachsen in anmutigen Bögen, wenn man sie sich selbst überläßt. Diese Eigenschaft kommt vor allem bei einigen der groß-

OBEN: *Eine Mischung aus kräftigen schönen Kletterpflanzen und Mauersträuchern wie diesen umschmeicheln hohe Begrenzungsmauern und Zäune und vertreiben jedes Gefühl von Beengung, das sie hervorrufen könnten. Hier bilden eine Kletterrose, eine Clematishybride und die Säckelblume* Ceanothus ›Gloire de Versailles‹ *einen üppigen Hintergrund für die winterharte Fuchsie* Fuchsia magellanica *und den kugelförmigen Agapanthus.*

RECHTS: *Die Moschusrose aus dem Himalaya* Rosa brunonii *hat einen intensiven Duft und ist so starkwüchsig, daß sie eine Höhe von 10 m und mehr erreichen kann. Deshalb eignet sie sich vorzüglich zum Verkleiden von Schutzwänden, an denen sie emporklettert, um mitten im Sommer den Garten mit ihrem Blütenflor zu schmücken. Darüber hinaus ist sie absolut winterhart und dankbar. Wenn sie sich gut entwickelt hat, kann man sie überall beschneiden und sie wird eine Fülle neuer Triebe bilden, die im folgenden Jahr wieder mit einem Schaum aus weißen Blüten bedeckt sein werden.*

ren, eleganten Tuffs aus, und das Salomonssiegel *Polygonatum multiflorum* beeindruckt durch seine gebogenen Blütenstiele. Von den dekorativen Gräsern entwickelt das Flattergras *Milium effusum* ›Aureum‹ bogige goldgelbe Blattspreiten. Die sogenannten Fontänengräser (*Pennisetum*arten und Zuchtformen) haben ebenfalls elegante gebogene Blätter, die bei *P. alopecuroides* purpurfarben und bei *P. orientale* mit feinen Haaren besetzt sind. Die größten unter den *Gramineae* sind die Bambusarten. Der schönste bogig wachsende Bambus ist *Arundaria murielae*. Obgleich er frostbeständig ist, wirkt er wie eine üppige tropische Pflanze und sollte deshalb immer eine tragende Rolle in einem selbstgeschaffenen Dschungel spielen.

Kletter- und Mauerpflanzen

Für die Einrichtung eines romantischen Gartens sind kletternde und kriechende Pflanzen wichtige Gehilfen, tragen sie doch am meisten zu einer romantischen Gartenatmosphäre bei. Sie wecken Assoziationen mit der bildenden Kunst und zaubern den Geist einer anderen, vergangenen Welt herbei. So wurden die freundlichen Götter oder die Faune mit Pferdefüßen wie Pan fast immer mit Efeukränzen dargestellt. Auch in den ländlichen Idyllen der Dichter früherer Jahrhunderte wird oft der Duft des Geißblatts erwähnt. Und die Weinrebe mit all ihren orgiastischen Assoziationen diente von alters her als dekoratives Motiv und war Bestandteil jedes Fests.

Abgesehen von seiner Funktion als Abdeckung kann das üppige und reizvoll geformte Laub der Weinrebe harte Elemente verwischen, zumal sich die biegsamen jungen Triebe beliebig leiten lassen. Man muß ihnen nur eine Stütze – eine Mauer, eine Gitterwand oder auch nur einen Draht mit weicher Beschichtung – bieten, an der sie sich festklammern oder befestigt werden können.

Dschungelartig wachsende Kletterpflanzen können uns vorübergehend in eine andere, ursprüngliche, fast tropische Welt entführen. Sogar das Efeu, das zu den widerstandsfähigsten Pflan-

blütigen Zuchtformen zur Geltung, wenn ihre Zweige von dem Gewicht der Blüten und der nachfolgenden kräftig roten eßbaren Beeren buchstäblich herabgezogen werden. *Spiraea x arguta*, die als Brautschmuck oder Maischaum bekannt ist, hat ihre bogigen Zweige im späten Frühjahr wie ein Feuerwerk in Weiß mit Blüten geschmückt. Eine seltenere Form ist *S. cantoniensis* ›Lanceata‹ mit ihren langen gebogenen Zeigen, die mitten im Frühling mit gefüllten Blüten übersät sind.

Bei den krautartigen mehrjährigen Pflanzen bildet der Bärenklau, insbesondere *Acanthus longifolius*, bogenartige Laubhügel, die Katzenminze *Nepeta* x *faassenii* zeichnet sich durch ihre locke-

zen der gemäßigten Klimazone gehört, besitzt diese Fähigkeit. Besonders großartig wirken die riesigen Blätter von *Hedera canariensis* und das persische Efeu *H. colchica,* doch auch das Waldefeu *H. helix* ist sehr reizvoll. Das italienische oder »Dichterefeu« *H. h. poetica* hat frische grüne, leicht gelappte, herzförmige Blätter und sattgelbe Früchte. Die Pflanze aus Kleinasien stammend und in Italien heimisch geworden, kann in einem Garten Erinnerungen an die Antike wachrufen, besonders, wenn sie um den Fuß einer klassischen Säule oder Statue wächst.

Kletterpflanzen mit exotischen Blüten wie die verschiedenen Arten und Zuchtformen der Passionsblume *Passiflora radicans* oder der Trompetenblume *Campsis radicans* rufen Bilder von wärmeren Klimazonen wach. Eine besonders exotisch wirkende Pflanze, die nur an einer geschützten sonnigen Mauer gedeiht, ist die Ruhmesblume *Clianthus puniceus* mit ihren immergrünen Fiederblättern und scharlachroten Trauben aus papageienschnabelförmigen Blüten. Wie viele Pflanzen, die man für Kletterpflanzen hält – zum Beispiel der winterblühende Jasmin –, die aber eigentlich keine sind, sondern Spaliersträucher, braucht sie eine Stütze und wird normalerweise an einer Mauer hochgezogen. Zu den schönen Mauerpflanzen gehören auch die herrlichen immergrünen Arten der Säckelblume *Ceanothus.*

Andere ungewöhnliche Schätze für geschützte und sonnige Mauern sind das immergrüne *Fremontodendron californicum* mit großen gelben Blüten, die den ganzen Sommer über wie Butterblumen leuchten, und der Sternjasmin *Trachelospermum jasminoides* mit seinen dunklen Blättern, die wie polierte Walnüsse glänzen, und seinen duftenden cremeweißen Blüten. Auch die *Carpenteria californica* mit ihren weißen Blüten mit auffallenden gelben Staubgefäßen bietet einen wundervollen Anblick. Für Nord- und Ostlagen sind die immergrüne *Azara microphylla* mit kleinen gelben Blüten im Frühjahr und das laubabwerfende Geißblatt *Lonicera* x *americana* mit duftenden, weißen Blüten im Sommer herrliche Pflanzen.

Die dekorativen Weinreben sind wundervolle romantische Kletterpflanzen. *Vitis vinifera* ›Brant‹ mit ihren süßen Früchten und *V. coignetiae* mit ihren vielen Rotschattierungen im Herbst sind wahrscheinlich die bekanntesten Sorten, aber es gibt noch andere ungewöhnliche Alternativen. *Vitis vinifera* ›Apiifolia‹ hat tief eingeschnittene hübsche Blätter, *V. v.* ›Incana‹ graue, die beidseitig mit spinnwebfeinen weißen Daunen bedeckt sind, gegen die sich die dunkelroten Früchte großartig abheben. *V. v.* ›Purpurea‹ hat den ganzen Sommer über purpurne Blätter, die sich im Herbst zu einem satteren Ton abdunkeln.

Wenn man im Garten die Kletterpflanzen am Anfang ein wenig festbindet und in die gewünschte Richtung leitet, können sie durch andere Sträucher hindurch oder sogar am Boden entlang wachsen. Geißblatt und Efeu zum Beispiel sind ausgezeichnete Bodendecker, es sei denn, in ihrer Nähe befänden sich zarte Pflanzen, die von ihnen erdrückt werden könnten.

Wenn Mauern bedeckt werden sollen ist oft eine künstliche Stütze nötig, da den meisten Kletterpflanzen aber die Haftwurzeln fehlen, wie sie Efeu oder die Kletterhortensie *Hyrangea petiolaris* . Obgleich Gitterwände reizvoll aussehen können, sollten romantische Kletterpflanzen eigentlich ihre künstlich geschaffenen Halterungssysteme verdecken. Das ist vor allem besonders wichtig bei so häßlichen Halterungen wie Drähten oder Haken. Viele Kletterpflanzen wie Glyzine oder Efeu entwickeln mit der Zeit dicke holzige Stämme, mit denen sie sich selbst tragen, und die anfänglich notwendige Stütze kann entfernt werden.

Geht es vor allem darum, eine Wand das ganze Jahr über zu bedecken, dann sind immergrüne Kletterpflanzen natürlich wirkungsvoller als laubabwerfende. Das Vergnügen aber, den Wechsel der Jahreszeiten mitzuerleben, zu sehen, wie neue Blätter sprießen, wachsen, sich färben und wieder abfallen, geht dabei verloren. Auch bilden viele schnell wachsende laubabwerfende Kletterpflanzen wie der Knöterich *Polygonum baldschuani-*

cum und die Jungfernrebe *Parthenocissus quinquefolia* und *P. henryana* ein so dichtes Gewirr verschlungener Zweige, daß sie auch ohne Blätter eine wirkungsvolle Abdeckung bilden. Eine Mischung aus immergrünen und laubabwerfenden Kletterpflanzen ist eine gute Lösung.

Einige Kletterpflanzen müssen jährlich bis auf den Boden zurückgeschnitten werden. Zu ihnen gehören die ›rambler roses‹ und die Jackmanii-, Texensis- und Viticellagruppen der großblütigen Clematishybriden. Bei den ›ramblers‹ müssen die alten Triebe sofort nach der Blüte heruntergeschnitten werden, während die Clematis normalerweise im Winter oder frühen Frühjahr bis auf 30 cm über dem Boden zurückgeschnitten wer-

den. Obwohl sie in der Blütezeit herrlich aussehen, bilden sie im Garten niemals ein dauerhaftes Zweigsystem und sollten daher mit Kletterrosen, anderen Clematisarten oder großblütigen Clematishybriden der Florida-, Patens- oder Lanuginosagruppen, die weniger zurückgeschnitten werden müssen, zusammengepflanzt werden.

Eine gute Wahl sind beipielsweise folgende *Clematis*-sorten: ›Duchess of Edinburgh‹ mit ihren rosettenförmigen grünlichweißen Blüten, ›W.E. Gladstone‹ mit großen lila Blüten und purpurfarbenen Staubbeuteln, oder schließlich auch die Sorte ›Lasurstern‹ mit tief lavendelblauen Blüten mit weißen Staubgefäßen und einer zweiten Blüte im Herbst.

RECHTS: *Wenn sich die flachen einzelnen Blüten der* Rosa ›Complicata‹ *vollständig geöffnet haben, hängen sie an dem hellgrünen üppigen Laub wie riesige Schmetterlinge. In zwei Jahren vermag diese Rose ein reizvolles Gartentor wie dieses in ein wahrhaft denkwürdiges Gartenelement zu verwandeln.*

OBEN: *Obwohl die* Rosa ›Ferdinand Pichard‹ *erst 1928 gezüchtet wurde, besitzt sie viele Eigenschaften der besten alten Strauchrosen. So spendet sie über einen langen Zeitraum eine Fülle rosa gestreifter, halbgefüllter Blüten und zeichnet sich durch starken Wuchs aus.*

RECHTS: *Die* Rosa ›Le Havre‹ *ist eine gezüchtete dauerblühende Rose wie die kräftigen winterharten Rosen, die in der viktorianischen Zeit so geschätzt wurden. Die Schönheit ihrer kohlartigen Blüten, ihre natürliche Form und lebhafte Farbe vermögen einen halbschattigen Bereich aufzuhellen.*

Rosen

Jeder romantische Garten sollte eine Auswahl von Rosen enthalten, die etwa Eingangstore, Pergolen, überdachte Terrassen, Lauben und Mauern verschönern können. Altmodische Rosen überzeugen dort sicher mehr als die modernen Floribundarosen und Teehybriden, die nach dem Rückschnitt eine lange Zeit im Jahr plump wirken.

Besonders gut geeignet sind Noisetterosen, komplexe Kreuzungen zwischen den dauerblühenden Chinarosen und der stark wachsenden *Rosa moschata*. Sie sind etwas altmodisch, schön und blühen meist mehrmals im Jahr. Zu ihnen gehört ›Aimée Vibert‹ mit gefüllten reinweißen Blütenbüscheln mit gelben Zentren. Mit einer möglichen Höhe und Breite von 4,50 m ist diese Rose allerdings doch nur für größere Gärten geeignet.

›Maréchal Niel‹ ist eine andere Noisetterose, auffällig durch ihre elfenschlank zugespitzten Knospen, die sich zu stark duftenden goldgelben Blüten entfalten. Sie ist die klassische viktorianische Rose mit leicht nickenden Blüten in hängenden Zweigen, braucht aber eine sehr geschützte Lage, um sich entwickeln zu können. Gewöhnlich wird sie 3 m hoch und breit.

Eine dritte empfehlenswerte Noisetterose ist ›Desprez à fleurs jaunes‹ mit ihren geviertelten gelben Blüten, die orange und hellbraun schattiert sind. Sie kann eine Höhe von 6 m erreichen. Genauso schön und leichter erhältlich ist die Kletterrose ›Mme Alfred Carrière‹ mit ihren lieblichen gefüllten rosa-weißen Blütenbüscheln, die sich zudem gut an Nordmauern ziehen läßt.

Zu den schönsten Wildrosen gehören *Rosa rubrifolia* mit wunderbaren pflaumengrauen Blättern und kleinen rosa Blüten, auf die kräftig rote Hagebutten folgen, und die starkwüchsige *Rosa moyesii* mit langen gebogenen Zweigen, die mit einzelnen blutroten Blüten geschmückt sind und von eindrucksvollen bauchigen Hagebutten abgelöst werden. Letztere kann eine Höhe und Breite von 3 m erreichen. *Rosa moyesii* ›Geranium‹ ist eine etwas kompaktere Zuchtform mit einer helleren scharlachroten Farbe, die den Reiz der Wildrosen bewahrt hat.

Rosa x *cantabrigiensis* ist äußerst reizvoll mit ihren Fiederblättern und ihren riesigen blaßgelben Blüten, die sich im späten Frühjahr entfalten. Sie gehört zu den ersten Rosen, die im Jahr blühen, ist ein ausladender Strauch von 3 m Höhe und Breite und kann auch als Kletterpflanze gezogen werden. Nur einmal im Jahr trägt sie ihre leicht duftenden schalenförmigen Blüten, dann aber über einen Zeitraum von ungefähr drei Wochen. Die am frühesten blühende Rose ist die *Rosa primula* mit ihren kleinen Blüten von zartem Schlüsselblumengelb und ihrem farnähnlichen Laub, das stark nach Weihrauch duftet. Mit einer Höhe und Breite von 1,80 m und ihrer elegant gebogenen Wuchsform ist sie auch für einen Garten von bescheidener Größe gut geeignet.

Die *Rosa villosa* ›Duplex‹, die halb gefüllte Form der altmodischen Apfelrose, ist ein lieblicher Anwärter für den romantischen Garten. Sie trägt blaugrüne Blätter und rosafarbene Blüten, und ihre Hagebutten sind apfelförmig.

Die Rugosarosen, auch japanische Rosen genannt, sehen bezaubernd aus und lassen sich vielfältig verwenden. Sie können eine herrliche Blütenhecke bilden, die sich für eine Einfriedung oder zur Unterteilung eines größeren Gartens eignet, und einzelne Exemplare können eine Ecke oder einen Teil einer gemischten Rabatte ausfüllen. Die Rugosarosen sind robust, stachlig und relativ anspruchslos.

Von der Wildrose *Rosa rugosa* mit ihren großen karmesinroten Blüten und ihren prächtigen kugelförmigen Hagebutten gibt es drei wunderschöne Zuchtformen. ›Blanc Double de Coubert‹ mit einer Höhe und Breite von 1,80 m hat weit geöffnete reinweiße Blüten wie aus feinem Papier, die im Frühsommer erscheinen und bis zu den ersten Herbstfrösten blühen. ›Pink Grootendorst‹ hat kleine nelkenartige Blütenbüschel in einer Farbe zwischen Koralle und Lachs und entwickelt sich zu einem kompakten Strauch von 1,20 m Breite und Höhe. Und die dritte überall bekannte ›Rose-

raie de l'Hay‹ mit ihren flachen karmesin-purpurnen Blüten, die stark nach gezuckerten Mandeln duften, und ihren leuchtend apfelgrünen Blättern, ist es wert, in jedem Garten Platz zu finden.

Auch die alten Strauchrosen, die vorwiegend im neunzehnten Jahrhundert in Frankreich gezüchtet wurden, verleihen einem Garten romantischen Zauber. Ihr oft etwas plumper aufrechter Wuchs kann durch dichte Bepflanzung ihrer Umgebung kaschiert werden, denn ihre lieblichen Blüten lohnen diese Mühe. Die Bourbonrose ›Reine des Violettes‹ hat duftige, samtige violett-purpurne Blüten aus dicht gepackten Blütenblättern, die von glänzendem Laub umgeben sind. Die *Rosa damascena* ›Mme Hardy‹ zeichnet sich durch eleganten Wuchs und geviertelte Blüten aus, die nach Zitronen duften und in der Mitte ein ungewöhnliches grünes ›Auge‹ haben. Die Blüten sind manchmal in der Knospe noch blaßrosa und werden dann rein weiß, wenn sie sich öffnen. ›Camaïeux‹ ist eine der schönsten gestreiften Gallicarosen mit halbgefüllten duftenden Blüten, die purpur-karmesinrot gestreift sind. Mit ihren elegant gebogenen Zweigen und ihrem relativ kompakten Wuchs von 1,20 m

OBEN: Die Rosa ›Albertine‹ ist eine schöne altmodisch wirkende Kletterrose, deren Knospen lachsfarben sind, bevor sie sich zu einem einzigartigen Kupferrosa öffnen. Wegen ihrer intensiv duftenden Blüten und ihrer Starkwüchsigkeit ist sie vorzüglich geeignet, Mauern oder andere Flächen mit ihrem romantischen Kleid zu bedecken.

LINKS: *Diese Rose, die ihr Züchter – der Gärtner des Herzogs von Orléans – nach dessen Tochter ›Adelaide‹ genannt hat, gehört zu den schönsten und romantischsten der klassischen alten Rosen. Sie ist sehr starkwüchsig und bringt bis zu 5 m lange Triebe hervor, die mit Büscheln schöner duftender cremefarbener Blüten besetzt sind.*

Höhe und Breite ist sie eine gute Wahl für einen begrenzten Raum.

Einige moderne Strauchrosen verbinden die prachtvollen Eigenschaften der altmodischen Strauchrosen mit einer längeren Blütezeit. Zu den reizvollsten zählt ›Mary Rose‹ mit ihren üppig rosafarbenen Blüten und einem starken Damaszenerduft. Sie erreicht eine Höhe und Breite von 1,20 m und gehört zu den ersten und letzten blühenden Rosen im Jahr.

Die moderne Strauchrose ›Graham Thomas‹ hat eine vergleichbare Größe und trägt gelbe Blüten an elegant gebogenen Zweigen. Obgleich beide Rosen ›Graham Thomas‹ und ›Mary Rose‹ so stark wie Teehybriden zurückgeschnitten werden können, um den Busch klein zu halten und für größere, wenn auch nicht so zahlreiche Blüten zu sorgen, wirken die Pflanzen lebendiger und romantischer, wenn man ihnen erlaubt, ihre natürliche Form und Größe zu entwickeln.

Verwendung des Laubwerks

Bei der Gestaltung eines interessanten und stimmungsvollen Gartens ist Vielfalt einer der Hauptfaktoren. Pflanzen mit großartigem Laub sind wichtig, sollten aber von Pflanzen, die feiner wirken, begleitet werden, damit ihre Üppigkeit voll zur Geltung kommt.

Bäume mit großen handförmigen Blättern wie die Roßkastanie *Aesculus* ziehen immer das Auge auf sich, sind aber meist zu groß für normale Gärten, obgleich der strauchartige *Aesculus parviflora* mit einer Höhe und Breite von 3,50 m und seinen typischen großen Blättern einen wunderschönen Blickfang abgibt.

Der Trompetenbaum *Catalpa bignonioides* und die Paulownie *Paulownia tomentosa* haben riesige ovale oder annähernd herzförmige Blätter. Beide entwickeln sich zu mittelgroßen Bäumen, können aber, falls notwendig, jährlich bis auf den Boden zurückgeschnitten werden.

Fatsia japonica, ein in viktorianischer Zeit beliebter Baum, hat exotisch wirkende handförmige, immergrüne, stark glänzende Blätter, ist robust und toleriert Schatten. Er paßt ebenso gut in einen ultramodernen wie in einen romantischen Garten. Dasselbe gilt von der gewöhnlichen Feige *Ficus carica*, die dekorative blasse Zweige und ungewöhnliche gelappte Blätter aufweist und in heißen Sommern und einer sonnigen geschützten Lage reife Früchte trägt.

Sparsam gesetzt, bilden Sträucher mit schwertförmigen Blättern einen guten Kontrast zu weicheren oder runderen Formen. Der Neuseeländer Flachs *Phormium tenax* und seine buntfarbigen Zuchtformen haben große schwertförmige Blätter, die bei der Sorte ›Goliath‹ bis zu 3 m hoch werden. Für sehr kleine Gärten eignet sich die Sorte ›Thumbelina‹ mit ihren bronze-purpurfarbenen Blättern von nur 30 cm Höhe.

Die verschiedenen *Yucca*arten wecken tropische Assoziationen, obgleich sie frosthart sind, wenn man sie an einen geschützten sonnigen Ort in gut durchlässigem Boden pflanzt. Zu den schönsten gehören die panaschierten Sorten *Y. filamentosa* ›Variegata‹ mit cremeweißen Streifen und *Y. flaccida* ›Ivor‹ mit gebogenen Blättern und Rispen aus großen, weißen, glockenförmigen Blüten.

Es gibt viele Pflanzen von romantischem Aussehen mit feinem duftigen Laub, die sich gut mit größeren Pflanzen kombinieren lassen. Der Silberahorn *Acer saccharinum* ›Laciniatum‹ verbindet einen wunderschönen hängenden Wuchs mit tief eingeschnittenen Blättern, die auf den Unterseiten silbern und im Herbst leuchtend gelb sind. Die Eberesche *Sorbus aucuparia* ›Aspleniifolia‹ hat tief eingeschnittene farnartige Blätter; und für besonders reich bedachte Gärten eignet sich die weit ausladende Albizzie *Albizzia julibrissen* mit gefiederten Blättern und rosafarbenen Blüten. Etwas empfindlich, aber von geheimnisvoller Schön-

UNTEN: *Pflanzen mit großem üppigen Laub können zu mehreren zusammengesetzt werden, um dem Garten ein tropisches Aussehen zu verleihen. Wenn das Klima nicht so günstig ist, können viele von ihnen in Töpfen gezogen und im Haus überwintert werden. Hier wird der exotische Eindruck der gewaltigen Blätter der* Gunnera manicata *und des grasartigen Laubs des darunter gepflanzten Glanzgrases* Phalaris arundinacea ›Pietà‹ *durch eine* Agave americana ›Marginata‹ *und die dekorative Banane* Musa coccinea ›Marginata‹. *noch verstärkt.*

heit, wenn die duftenden gelben Blüten im frühen Frühjahr erscheinen, ist die »Mimose« der Floristen *Acacia dealbata*.

Krautartige mehrjährige Pflanzen bieten ebenfalls eine breite Palette verschiedenartiger Blätter. Zu den Pflanzen mit großartig wirkendem Laub gehören die *Acanthus*arten, die stark gerippte *Hosta sieboldiana* und das Schildblatt *Peltiphyllum peltatum*, das große gelappte Blätter auf 1 m langen Stielen hervorbringt. Die Irisfamilie und die Arten und Zuchtformen der Fackellilie *Kniphofia* haben schwertartige Blätter, die genauso wertvoll sind wie ihre vielfältigen Blüten. Wenn kleinformatiges spitzenartiges Laub gewünscht wird, dann bieten die Farne eine reiche Auswahl. Besonders filigran sind die Frauenfarne *Athyrium* oder *Asplenium filix-femina*. Es gibt sogar einen winterharten Frauenhaarfarn *Adiantum venustum*, der in kühlem Schatten eine immergrüne Spitzendecke bildet.

LINKS: *Ein kleiner Hain aus Essigbäumen* Rhus typhina *ist leicht anzulegen. Die Sonnenstrahlen, die durch das filigrane Laub der Baumkronen fallen, vollführen auf dem Rasen ein fesselndes Schattenspiel. Im Herbst färbt sich das Laub in ein flammendes Orangerot. Selbst wenn die Blätter abgefallen sind, sitzen die kolbenförmigen Samenstände wie Hirschgeweihe auf den Zweigen und geben dem Baum ein interessantes Aussehen.*

Pflanzen im und am Wasser

Der romantische Reiz der Wasserpflanzen beruht auf ihrer Form wie auf ihrer Nähe zum Wasser, das ja stets einen ruhigen, friedlichen Geisteszustand hervorruft. Kein Arkadien wäre vollständig ohne das lebenerhaltende, reinigende Wasser, das erquickende Erfrischung verspricht.

Wasserpflanzen werden oft an der Wasseroberfläche reflektiert und verleihen dadurch dem Garten einen Hauch von Unwirklichkeit. Außerdem profitieren sie von dem besonderen Licht, das eine reflektierende Wasserfläche schafft. Uferpflanzen kommen manchmal mit ihren Umrissen zu großartiger Wirkung, wenn man sie gegen den Vorder- oder Hintergrund eines hellen Gewässers betrachtet. Ein anderes Mal verleiht ihnen vom Wasser aufsteigender Nebel ein gespenstisches Aussehen, wenn er ihre Formen und Farben verwischt.

Von den Wasserpflanzen für tiefe Gewässer sind die winterharten Seerosen die romantischsten, zumal sie ihre Blüten in der Mittagssonne öffnen und abends bei Sonnenuntergang wieder schließen. Unter den weiß blühenden Seerosen zählt *Nymphaea alba* zwar zu den schönsten, ist aber, außer für die größten Teiche, zu starkwüchsig. Eine gute Alternative für mittelgroße Teiche ist *N. candida* var. *wenzelii* mit kleinen, sternförmigen weißen Blüten mit leuchtend gelber Mitte. Für Fässer oder Wasserbecken, die nicht tiefer als 30 cm sind, oder für flachere Sandbänke ist die Seerose *N. odorata* var. *minor* mit winzigen, stark duftenden, weißen Blüten ideal. Die kleinste aller Seerosen ist aber *N. pygmea* var. *alba* mit einem Blütendurchmesser von 2,50 cm.

Die Farbpalette der winterharten Seerosen ist sehr groß, so daß die Farben zu dem Gefühl einer idealisierten Gartenwildnis oder zu einem bunten Durcheinander im Garten beitragen können, je nachdem, wieviel Zurückhaltung man sich bei ihrer Auswahl und Zusammenstellung auferlegt. Wenn die Wasseroberfläche nicht groß ist, hält man sich am besten an eine einzige Farbe oder an die Variationen eines einzigen Themas, etwa helle und dunkle Rosatöne. Zu den reizvollsten zählt *N.*

RECHTS: *Die* Zantedeschia aethiopica ›Crowborough‹. *gedeiht gut in sumpfigen Bereichen am Rand eines Flusses oder eines Teiches und in flachem Wasser. Dort entwickelt sie große Büschel aus üppigem dunkelgrünem Laub, über das sich reinweiße trompetenförmige Blüten erheben. Die Form dieser klassischen Pflanze ist außergewöhnlich; jahrhundertelang hat sie Künstler so beeindruckt, daß sie sie immer wieder zur Illustration romantischer Themen verwendet haben.*

UNTEN: *Wenn die rötlich-rosafarbene* Astilbe ›Etna‹ *und die rein rosafarbene* Astilbe ›Reinhard‹ *in dem feuchten Boden am Rand eines Gewässers stehen, entwickeln sich zu einem wahren Dickicht. Hier bilden sie einen großartigen Kontrast zu dem ruhigen dunklen Grün der Seerosen.*

›Firecrest‹ mit ihren duftenden dunkelrosafarbenen Blüten mit orangefarbener Mitte. N. ›James Brydon‹ mit ihren purpurfarbenen jungen Blättern und ihren pfingstrosenartigen karmesinroten Blüten ist ein herrlicher Schmuck für mittelgroße Teiche, während die weinrote N. ›Laydekeri Purpurata‹ ideal für Wasserbecken oder winzige Teiche ist. Diese Hybride blüht von der Frühlingsmitte ohne Unterlaß bis zu den ersten Frösten. Die orangeroten Staubfäden, die das Herz jeder Blüte füllen, und die rotbraun gefleckten Blätter ergeben zusammen eine eindringliche Farbkombination.

Die gelben Farbtöne der Seerosen bewegen sich von dem weichen, glitzernden Gelb vor reizvoll gesprenkeltem Laub der N. ›Marliacea Chromatella‹ bis zu dem Kanariengelb der Miniaturseerose N. pygmaea ›Helvola‹. Auch hier bilden die leuchtend orangefarbenen Staubfäden und braunpurpur gefleckten Blätter einen großartigen Kontrast, der nach einer neutralen Umgebung verlangt.

Die Wirkung der eleganten Blüten und herzför-

migen Blätter der Zantedeschia aethiopica ist überwältigend romantisch. Obgleich sie auch auf dem Land angepflanzt werden kann, bildet sie im Wasser dickere Tuffs aus glänzenden dunkelgrünen Blättern und reinweißen Spathen. In kalten Gegenden werden die Zantedeschien am besten in Töpfen am flachen Rand eines Teiches gezogen. Sie können vor dem ersten Frost aus dem Wasser genommen und in einem kühlen, aber frostfreien und gut beleuchteten Raum überwintert werden. Alternativ können sie in ziemlich tiefem Wasser unter der Gefriertiefe überwintern. Die gezüchtete Sorte ›Crowborough‹ ist härter als die natürlichen Arten.

Die Wasserähre Aponogeton distachys hat halb immergrüne längliche Blätter, die wie kleine Boote auf der Wasseroberfläche schwimmen. Ihre exotisch wirkenden wachsweißen Blütenähren mit schwarzen Staubfäden strömen einen betörenden Vanilleduft aus. Wasserähren blühen von der Frühlingsmitte bis zum späten Herbst in reicher Fülle. Jede Pflanze trägt bis zu zwei Dutzend Blütenähren und ist ein passender Begleiter für Seerosen.

Unter den schwimmenden Pflanzen ist das kleine Feenmoos Azolla caroliniana so liebreizend wie sein Name. Die einzelnen Pflanzen bilden Spitzenmatten auf der Wasseroberfläche und färben sich leuchtend dunkelrot, bevor sie im Herbst absterben.

Es gibt eine große Auswahl an Pflanzen für flaches Wasser oder sehr nasse Böden. Mit der Zeit wachsen große Pflanzengruppen mit ihren Nachbarn zusammen, so daß die Ränder der einzelnen Gruppen verwischt werden und jede anfängliche Steifheit verschwindet. Grundsätzlich sollte man Pflanzen mit konstrastierenden Blatt- und Blütenformen auswählen.

Der panaschierte Kalmus Acorus calamus ›Variegatus‹ hat irisähnliche Blätter. Die grünen, rahmweiß und rosa gestreiften Blätter duften nach Zitrusfrüchten, wenn man sie zerreibt oder zerdrückt. Sein winziger Cousin A. gramineus ›Variegatus‹ trägt schmale grasartige Blätter mit kräfti-

UNTEN: *Seerosenblätter – die früh im Jahr wie isolierte Landeplätze für Libellen wirken, sind die hoffnungsvollsten Vorboten kommender Pracht, wenn ihre Stiele dicker werden und sie ihre herrlichen glitzernden schalenförmigen Blüten öffnen wie diese* Nymphaea ›Rose Arey‹. *Sie können sogar dem kleinsten Teich oder einem sonst recht reizlosen Garten einen präraffaelitischen Charme verleihen.*

RECHTS: *In milden Klimaten können die engen kleinen Täler, die kleine Flüsse einrahmen, die ideale geschützte Umgebung für romantische Farnpflanzungen bilden. Hier hebt sich am Talboden der Saumfarn* Pteris cretica ›Albolineata‹ *wundervoll gegen das dunkle Wasser ab. Pfauenradfarne (Adiantumarten) klettern über die aufsteigenden Felsen, und ein Baumfarn wirft seine eleganten Blattwedel darüber.*

gen schwefelgelben Streifen. Dieser sogenannte japanische Kalmus wächst in flachem Wasser und ebenso gut in einem feuchten Boden. Er bildet einen reizvollen immergrünen rasenähnlichen Uferrand und ist deshalb besonders gut geeignet, den Rand eines künstlichen Teichs zu verdecken.

Die Wasserminze *Mentha aquatica* bildet einen ebenso schönen Teppich, stirbt aber im Winter ab. Sie trägt liebliche minzeähnliche mauvefarbene Blüten, und ihre Blätter haben ein minziges Aroma. Die Wasserminze wuchert stark und muß deshalb unter Kontrolle gehalten werden, wenn sie nicht überhand nehmen soll.

Die elegante japanische Wasseriris *Iris laevigata* wächst am liebsten in flachem Wasser. Sowohl die Irisarten mit den grasartigen Blättern und den reinblauen Blüten als auch die weißblühende *I. l.* ›Snowdrift‹ und die silbrig panaschierte *I. l.* ›Elegantissima‹ mit ihren blaßblauen Blüten lohnen die Anpflanzung. Die einheimische gelbe Wasseriris *I. pseudacorus* ist für die meisten Gärten eher zu groß und zu kräftig, deshalb ist die Sorte ›Variegata‹ mit ihren goldgestreiften jungen Blättern für kleine Teiche besser geeignet.

Das Hechtkraut *Pontederia cordata* hat speerförmige Blätter, die wie Schilde aufrecht stehen, als ob sie die großen, feinen blauen Blütenrispen, die 1 m hoch werden können und sich im Spätsommer entfalten, beschützen wollten.

In großen Gärten ist die 3 m hoch und breit werdende *Gunnera manicata* mit ihnen riesigen, borstigen Blättern vorzüglich geeignet, eine dramatische Uferszene zu schaffen. In kleineren Gärten, wo jedes Plätzchen kostbar ist, könnte als Ersatz der dekorative Rhabarber *Rheum* in den verschiedenen Arten und Zuchtformen gepflanzt werden. Und zu guterletzt sollte man in jedem Garten, sei er auch noch so klein, den feuchtigkeitsliebenden Farnen wie zum Beispiel dem Becherfarn *Matteuccia Struthiopteris* und dem Perlfarn *Onoclea sensibilis* einen Platz einräumen.

Ein Waldgarten

*In diesem schön bepflanzten Garten lädt ein gepflasterter Weg zur
Besichtigung der weit vom Hause gelegenen Gartenbereiche ein,
während die weißen Blüten das Auge den Durchblick entlang führen.
Große Steine bilden einen wunderbaren Kontrast zu der Fülle der Blüten
und Blätter in einer Waldumgebung.*

Unberührtes Waldland wirkt schon für sich allein romantisch, fast märchenhaft. Jeder Gärtner, der, wie die Besitzer dieses Gartens, ein abfallendes Gelände voller Blumenhartriegel *Cornus florida* entdeckt, kann seinen Reiz durch einfühlsame Gestaltung und Bepflanzung noch erhöhen. Hier ging es also darum, die geheimnisvolle Waldatmosphäre zu erhalten und gleichzeitig dem Ort eine klare Struktur und einheitliche Form zu geben.

Deshalb wurden nur soviele Bäume und Sträucher – samt dem Unterholz – entfernt, daß Wege und Durchblicke möglich wurden und genügend Licht durch die Baumkronen dringen konnte, um eine abwechslungsreiche Bepflanzung unter ihnen zu ermöglichen. Bei der Anlage der Lichtungen kamen Mengen von felsigem Gestein zutage, mit dem man gleich am Ort Mauern errichtete und erhöhte Beete und Terrassen anlegte, um den dünnen Waldboden zu erhalten und zu stabilisieren.

Der am deutlichsten gestaltete Bereich des Grundstücks besteht aus einer Reihe unregelmäßig geformter Lichtungen, die durch Schlängelwe-

Azaleen, Magnolien und eine Menge Sommerblumen und Stauden, einschließlich Vergißmeinnicht und Maiglöckchen, fügen sich in dieser von Bäumen und Sträuchern umgebenen Lichtung zu einem wunderbaren Blütenteppich zusammen. Damit der Teppich aber nicht zu voll und zu bunt wirkt, hat man als neutrales Element ein blütenförmiges Vogelbecken auf einer Steinsäule dazwischengesetzt.

ge aus kurzgeschorenem Rasen miteinander verbunden sind. Engere, weniger sorgfältig gemähte
Graspfade ziehen sich durch die Waldrandgebiete,
wo ein großer Teil der ursprünglichen Bepflanzung erhalten und durch neue Sträucher und Bäume ergänzt wurde.

In einem anderen Teil des Gartens flankieren
zwei Felsblöcke eindrucksvoll einen Seerosenteich
mit einer Fontäne. Andernorts findet man ein fast
lebensgroßes schlafendes bronzenes Füllen zwischen Taglilien und Tränenden Herzen, einen
schmiedeeisernen viktorianischen Sitzplatz, der
sich in ein Bett von immergrünen Pflanzen hinein-
schmiegt, die bronzene Figur eines Kindes, das am
Rand des Teiches sitzt, einen Steinhasen, der von
einem schroffen Felsen aus die Szene beobachtet,
und ein blütenförmiges Vogelbad aus Stein: dies
sind die einzigen künstlichen Zutaten, die den
Garten interessanter gestalten sollen.

In einer Gegend wie dieser, mit heißen, trockenen Sommern und oft sehr kalten Wintern, muß
man sich darauf einstellen, falls man die Farbe der
Bäume und Sträucher noch durch krautartige
Pflanzen ergänzen will, die Zwiebeln im Haus zu
überwintern und alle Stauden von zweifelhafter
Winterhärte abzudecken.

Im frühen Frühjahr beginnen Krokus und Win-
terling zu blühen. Über einem Perserteppich aus
Narzissen, Tulpen und Schneestolz, durchsetzt
mit *Phlox divaricata* und Jakobsleiter, hängen
Forsythien, Lavendelheide, Magnolien und Hart-
riegel, die alle im April und Mai blühen.

Später im Jahr wird das Auge mehr in die Mitte
des Gartens gelenkt, wo Lilien und Taglilien, Hosta und Kugeldistel vor einem Hintergrund von
Schneeball und Johanniskraut sprießen. Einjährige Pflanzen, die den Schatten lieben, wie fleißiges

LISTE DER PFLANZEN
BÄUME UND STRÄUCHER
Salix-Arten
Rhododendron-Arten *und*
-zuchtformen, u.a.

R. mucronluatum,
R. schlippenbachii, Azaleen-
Hybriden (*Mollis, Exbury*)
Magnolia stellata
M. × soulangeana

Pieris-Arten
Forsythia
Syringa
Malus
Cornus-Arten, u.a. *C. kousa*
Prunus laurocerus
Hypericum calycinum
Viburnum opulus ›Sterile‹
Hydrangea-Arten
Euonymus alatus
Ilex-Arten

ZWIEBELGEWÄCHSE
Eranthis hyemalis
Galanthus nivalis
Chionodoxa
Puschkinia scilloides
Narcissus-Arten und
-zuchtformen
Tulipa-Arten und
-zuchtformen
Hyacinthus-Arten und
-zuchtformen
Lilium-Arten

SOMMERBLUMEN UND
STAUDEN
Hepatica nobilis
Anemone-Arten
Primula-Arten
Houstonia caerulea
Dicentra-Arten
Tiarella cordifolia
Polemonium caeruleum
Trillium grandiflorum
Alyssum
Viola-Arten
Phlox divaricata
Myosotis
Papaver orientale
Aquilegia-Arten und
-zuchtformen
Iris-Arten
Delphinium consolida
Achillea millefolium
Campanula
Baptisia australis
Coreopsis
Hemerocallis-Arten
Hosta-Arten
Astilbe
Platycodon grandiflorum
Helianthus
Celosia argentea
Salvia
Chrysanthemum-Arten
Sedum spectabile

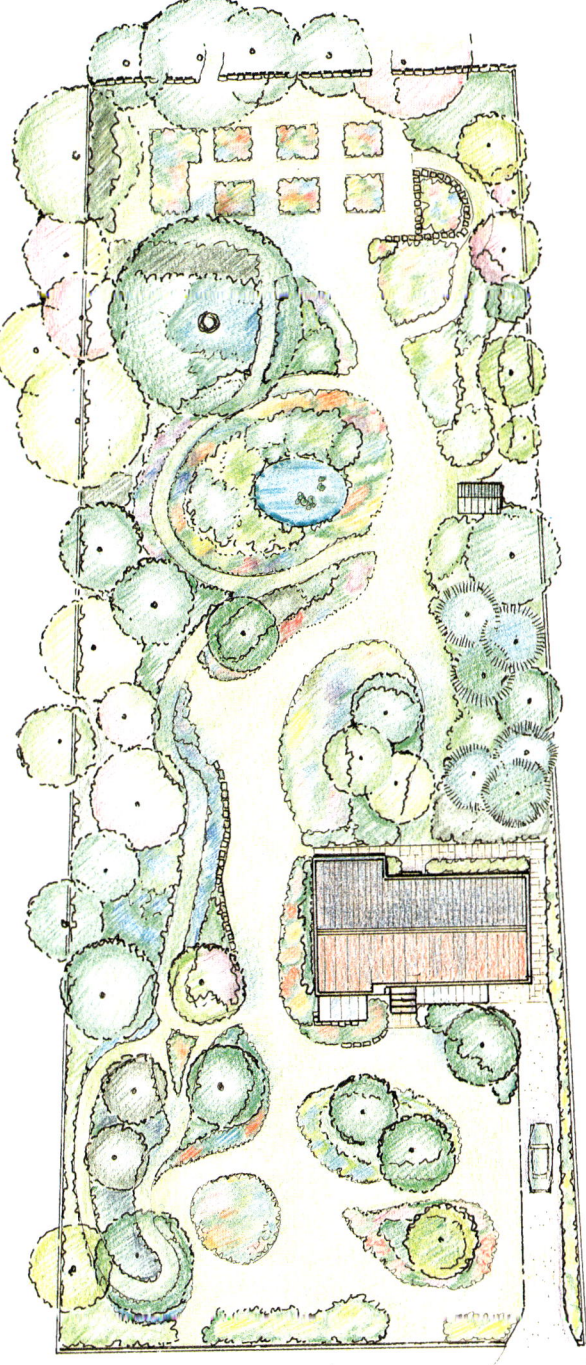

Lieschen und Tabak, umgeben den Teich mit leuchtenden Farben.

Verzeichnis romantischer Pflanzen

Neben den in diesem Buch beschriebenen Pflanzen gibt es natürlich noch viele mehr, die für einen romantischen Garten geeignet sind.

Die in dem folgenden Verzeichnis aufgeführten Pflanzen, seien es nun natürliche Arten oder Zuchtformen, sind aus dem ganzen Pflanzenreich sorgfältig als die herausgegriffen worden, die die deutlichsten romantischen Eigenschaften aufweisen. Wählt man Pflanzen für seinen Garten aus, dann sollte man sich unbedingt die Mühe machen, nach Arten oder Hybriden mit diesen Eigenschaften zu suchen, und man sollte der Versuchung widerstehen, Pflanzen nur deshalb zu setzen, weil man sie von Freunden bekommen hat, oder weil sie leicht erhältlich sind. Heutzutage haben sogar die großen Baumschulen die Tendenz, ihr Sortiment zu reduzieren, indem sie die Zahl der angebotenen Pflanzentypen verkleinern, und der anspruchsvolle Gärtner muß manchmal lange suchen, bevor er eine bestimmte Pflanze findet. Dabei darf man nicht vergessen, daß viele schöne Pflanzen relativ einfach aus kraut- und holzartigen Stecklingen oder Wurzelschnittlingen, die man sich von gleichgesinnten Gärtnern erbittet, gezogen werden können. Viele Sträucher und Bäume und ein breites Spektrum an mehrjährigen, zweijährigen oder einjährigen krautartigen Pflanzen können auch aus Samen gezogen werden. Das ist wahrscheinlich der einfachste Weg, um die reizvolleren modernen Hybriden zu erhalten. Dies kann aber nur dann auf befriedigende Weise praktiziert werden, wenn der Gärtner bereit ist, sich mit den notwendigen Räumlichkeiten und dem passenden Werkzeug auszustatten.

In dem folgenden Verzeichnis sind die annähernden Maße der Bäume, Sträucher, Kletterpflanzen und Mauerpflanzen angegeben. In allen Fällen ist die Höhe angegeben, die Ihre Kletter- und Mauerpflanzen unter idealen Voraussetzungen innerhalb von 20 Jahren erreichen können. Die Bedingungen in Ihrem Garten können natürlich variieren. Die für jede Pflanzengruppe angegebenen Maße sind folgende:

Bäume: Klein: bis zu 6 m. Mittelgroß: von 6 m bis 15 m. Groß: von 15 m aufwärts.

Sträucher: Klein: bis zu 1,20 m. Mittelgroß: 1,20 m bis 2,50 m. Groß: von 2,50 m aufwärts.

Kletterpflanzen und Mauersträucher: Klein: bis zu 3 m. Mittelgroß: 3 m bis 6 m. Groß: von 6 m aufwärts.

Bäume

NAME	GRÖSSE UND FORM	BODEN UND LAGE	BLÜTEN/LAUB	SONSTIGE ANGABEN
Acer griseum Ahorn	mittelgroß, rundlich	gut durchlässiger Boden, Sonne oder Halbschatten	unbedeutende Blüten. Dreilappige grüne Blätter, im Herbst scharlachrot	unter abrollender alter Rinde zimtfarben
A. pensylvanicum	klein; offen und unregelmäßig	gut durchlässiger, saurer Boden, Sonne oder Halbschatten	gelbe Blüten im späten Frühjahr. Breite dreilappige, grüne Blätter, im Herbst goldgelb.	zeichnet sich aus durch seine aufrechten, jungen grünen, später weiß- und jadegrün gestreiften Zweige
A. saccharinum Zuckerahorn	klein bis mittelgroß; hängend	gut durchlässiger Boden in jeder Lage	tief eingeschnittene, grüne Blätter mit silbrig weißen Unterseiten, im Herbst goldrot	schnell wachsend
Aesculus hippocastanum Roßkastanie	groß; rundlich	gut durchlässiger, saurer Boden, Sonne oder Halbschatten	aufrechte weiße Blütenkerzen mit großem gelben, dann rotem Auge im Frühjahr. Blatt hat fünf bis sieben handförmige, stiellose grüne Blättchen, die im Herbst gelb werden.	trägt Kastanien im Herbst
Albizzia julibrissin Albizzie	mittelgroß; rundlich	gut durchlässiger Boden in der Sonne	rosa Blüten im Sommer. Kleine gefiederte, grüne Blätter an Blattstielen	schnell wachsend
*Arbutus unedo Erdbeerbaum	klein bis mittelgroß; breite Krone	gut durchlässiger Boden, Sonne oder Halbschatten	hängende, glockenförmige, elfenbeinfarbene Blüten im Herbst. Große schmale, dunkelgrüne Blätter	langsam wachsend; erdbeerähnliche orange-rote Früchte gleichzeitig mit den Blüten im Oktober bis Dezember
Betula jacquemontii Birke	mittelgroß; breite Kegelform	wie oben	Kätzchen im Frühjahr. Kleine eiförmige, grüne Blätter, im Herbst goldfarben	Rinde weiß oder creme-farben, abrollend
B. pendula Trauerbirke	groß; rundliche Krone, hängende Zweige	feuchter, gut durchlässiger Boden, Sonne oder Halbschatten	Kätzchen im Frühling. Rautenförmige grüne Blätter, die im Herbst gelb werden	wenn ausgewachsen, abblätternde weiße Rinde
*Buxus sempervirens ›Pendula‹ Buchsbaum	klein; hängend	gut durchlässiger Boden in jeder Lage	kleine dunkelgrüne Blätter	
Castanea sativa Edelkastanie	groß; breite Krone	gut durchlässiger Boden, Sonne oder Halbschatten	Kätzchen im Hochsommer. Längliche glänzende, grüne Blätter, die im Herbst gelb werden	schnell wachsend; kräftig braune, eßbare Kastanien
Catalpa bignonioides	mittelgroß; breite Krone	feuchter, gut durchlässiger Boden in der Sonne	Kerzen aus weißen Blütchen mit gelben und purpurfarbenen Flecken im Sommer. Große herzförmige, hellgrüne Blätter	schnell wachsend; lange Samenschoten im Herbst
*Cedrus atlantica f. glauca Atlaszeder/Silberzeder	groß; kegelförmig	gut durchlässiger Boden, Sonne oder Halbschatten	kleine harzig duftende, bläulichgrüne Nadeln, spiralig in Büscheln an den Trieben angeordnet	schnell wachsend. *C.a.g.* ›Pendula‹ hat hängende Zweige und reizvolle Zapfen an den älteren Bäumen. Größe: klein
*Cedrus deodara Himalaya-Zeder	groß; kegelförmig, hängende Zweige	gut durchlässiger Boden, Sonne oder Halbschatten	kurze, harzig duftende, dunkelgrüne Nadeln in Büscheln an den Zweigen	schnell wachsend; zumeist winterhart

135

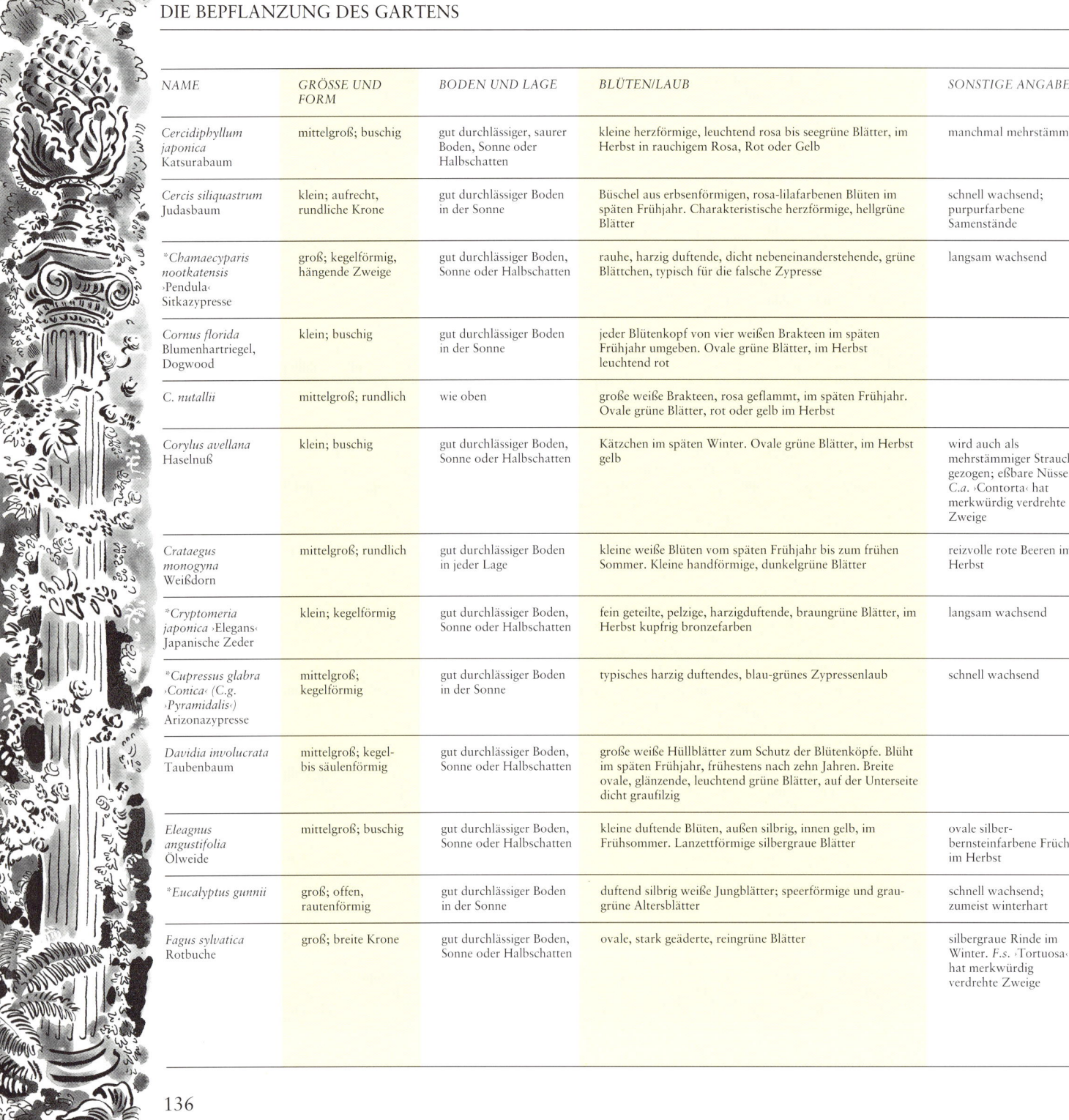

NAME	GRÖSSE UND FORM	BODEN UND LAGE	BLÜTEN/LAUB	SONSTIGE ANGABEN
Cercidiphyllum japonica Katsurabaum	mittelgroß; buschig	gut durchlässiger, saurer Boden, Sonne oder Halbschatten	kleine herzförmige, leuchtend rosa bis seegrüne Blätter, im Herbst in rauchigem Rosa, Rot oder Gelb	manchmal mehrstämmig
Cercis siliquastrum Judasbaum	klein; aufrecht, rundliche Krone	gut durchlässiger Boden in der Sonne	Büschel aus erbsenförmigen, rosa-lilafarbenen Blüten im späten Frühjahr. Charakteristische herzförmige, hellgrüne Blätter	schnell wachsend; purpurfarbene Samenstände
*Chamaecyparis nootkatensis ›Pendula‹ Sitkazypresse	groß; kegelförmig, hängende Zweige	gut durchlässiger Boden, Sonne oder Halbschatten	rauhe, harzig duftende, dicht nebeneinanderstehende, grüne Blättchen, typisch für die falsche Zypresse	langsam wachsend
Cornus florida Blumenhartriegel, Dogwood	klein; buschig	gut durchlässiger Boden in der Sonne	jeder Blütenkopf von vier weißen Brakteen im späten Frühjahr umgeben. Ovale grüne Blätter, im Herbst leuchtend rot	
C. nutallii	mittelgroß; rundlich	wie oben	große weiße Brakteen, rosa geflammt, im späten Frühjahr. Ovale grüne Blätter, rot oder gelb im Herbst	
Corylus avellana Haselnuß	klein; buschig	gut durchlässiger Boden, Sonne oder Halbschatten	Kätzchen im späten Winter. Ovale grüne Blätter, im Herbst gelb	wird auch als mehrstämmiger Strauch gezogen; eßbare Nüsse. *C.a.* ›Contorta‹ hat merkwürdig verdrehte Zweige
Crataegus monogyna Weißdorn	mittelgroß; rundlich	gut durchlässiger Boden in jeder Lage	kleine weiße Blüten vom späten Frühjahr bis zum frühen Sommer. Kleine handförmige, dunkelgrüne Blätter	reizvolle rote Beeren im Herbst
*Cryptomeria japonica ›Elegans‹ Japanische Zeder	klein; kegelförmig	gut durchlässiger Boden, Sonne oder Halbschatten	fein geteilte, pelzige, harzigduftende, braungrüne Blätter, im Herbst kupfrig bronzefarben	langsam wachsend
*Cupressus glabra ›Conica‹ *(C.g.* ›Pyramidalis‹) Arizonazypresse	mittelgroß; kegelförmig	gut durchlässiger Boden in der Sonne	typisches harzig duftendes, blau-grünes Zypressenlaub	schnell wachsend
Davidia involucrata Taubenbaum	mittelgroß; kegel- bis säulenförmig	gut durchlässiger Boden, Sonne oder Halbschatten	große weiße Hüllblätter zum Schutz der Blütenköpfe. Blüht im späten Frühjahr, frühestens nach zehn Jahren. Breite ovale, glänzende, leuchtend grüne Blätter, auf der Unterseite dicht graufilzig	
Eleagnus angustifolia Ölweide	mittelgroß; buschig	gut durchlässiger Boden, Sonne oder Halbschatten	kleine duftende Blüten, außen silbrig, innen gelb, im Frühsommer. Lanzettförmige silbergraue Blätter	ovale silber-bernsteinfarbene Früchte im Herbst
*Eucalyptus gunnii	groß; offen, rautenförmig	gut durchlässiger Boden in der Sonne	duftend silbrig weiße Jungblätter; speerförmige und grau-grüne Altersblätter	schnell wachsend; zumeist winterhart
Fagus sylvatica Rotbuche	groß; breite Krone	gut durchlässiger Boden, Sonne oder Halbschatten	ovale, stark geäderte, reingrüne Blätter	silbergraue Rinde im Winter. *F.s.* ›Tortuosa‹ hat merkwürdig verdrehte Zweige

NAME	GRÖSSE UND FORM	BODEN UND LAGE	BLÜTEN/LAUB	SONSTIGE ANGABEN
Ficus carica Feigenbaum	mittelgroß; buschig, ausladend	gut durchlässiger Boden in sonniger Lage	große, flache, fünflappige Blätter	zumeist winterhart; eßbare Früchte, die purpurfarben werden, wenn sie reif sind
Ginkgo biloba	groß; aufrecht	gut durchlässiger Boden, Sonne oder Halbschatten	fächerförmige, stark geäderte, blaßgrüne Blätter, im Herbst dottergelb	schnell wachsend; ein eindrucksvoll fremdartiger und sehr urtümlicher Baum, der sich in 150 Jahren nicht verändert hat
Gleditsia triacanthos Gleditschie	mittelgroß; breite Krone	gut durchlässiger Boden im Schatten	unbedeutende Blüten im Frühling. Kleine gefiederte, hellgrüne Blätter, im Herbst gelb	lange gedrehte Samenhülsen
Ilex cornuta Stechpalme	klein; dichtbuschig	gut durchlässiger Boden, Sonne oder Halbschatten	rechteckige glänzende Blätter mit fünf Dornen	langsam wachsend; große leuchtend rote Beeren im Herbst
Juniperus communis ›Hibernica‹ Gemeiner Wacholder	klein; stark säulenförmig	gut durchlässiger Boden, Sonne oder Halbschatten	kleine harzig duftende, stachlige, blaugrüne Nadeln mit silbrigen Unterseiten	schnell wachsend; sollte zusammengebunden werden, damit er während des Wachstums seine Säulenform beibehält. Guter Ersatz für Säulenzypressen in kälteren Gegenden
J. horizontalis ›Glauca‹	klein; bodendeckend	wie oben	harzig duftende, mit weißlichem Flaum bedeckte, stahlblaue Nadeln auf schnurartigen Zweigen	schnell wachsend; kann sogar Rasen ersetzen
Laburnum alpinum Goldregen	klein; rundliche Krone	wie oben	hängende Trauben aus erbsenförmigen Blüten im Frühsommer. Glänzende grüne Blätter mit blasseren, behaarten Unterseiten	giftige Samen in glänzenden Samenhülsen
Larix decidua ›Fastigiata‹ Lärche	groß; rautenförmig	wie oben	harzig duftende, hellgrüne Nadeln in Büscheln, Goldfärbung im Herbst	schnell wachsend
Laurus nobilis Lorbeerbaum	klein; buschig	wie oben	unauffällige gelbgrüne Blüten im Frühjahr. Dicke ovale, grüne Blätter mit welligem Rand. Stark duftend, wenn sie zerdrückt werden	langsam wachsend
Ligustrum vulgare Liguster	klein; buschig	gut durchlässiger Boden in jeder Lage	stark duftende, mattweiße Blüten im Hochsommer. Kleine, ovale, dunkelgrün glänzende Blätter	oft als Heckenpflanze verwendet; kleine schwarze Früchte; immergrün bis halb immergrün
Liquidambar styraciflua Amberbaum	groß; rundlich	gut durchlässiger saurer Boden, Sonne oder Halbschatten	unauffällige Blüten. Fünf- bis siebenlappige gezähnte, glänzend grüne Blätter, im Herbst karmesinrot	interessante, korkige Rinde der älteren Zweige im Winter
Liriodendron tulipifera Tulpenbaum	groß; rundlich	gut durchlässiger Boden, Sonne oder Halbschatten	große tulpenförmige, gelb-grüne Blüten im Sommer mit orangefarbenen Innenschalen. Große vierlappige, grüne Blätter, im Herbst kräftig buttergelb	schnell wachsend; blüht frühestens nach zwanzig Jahren

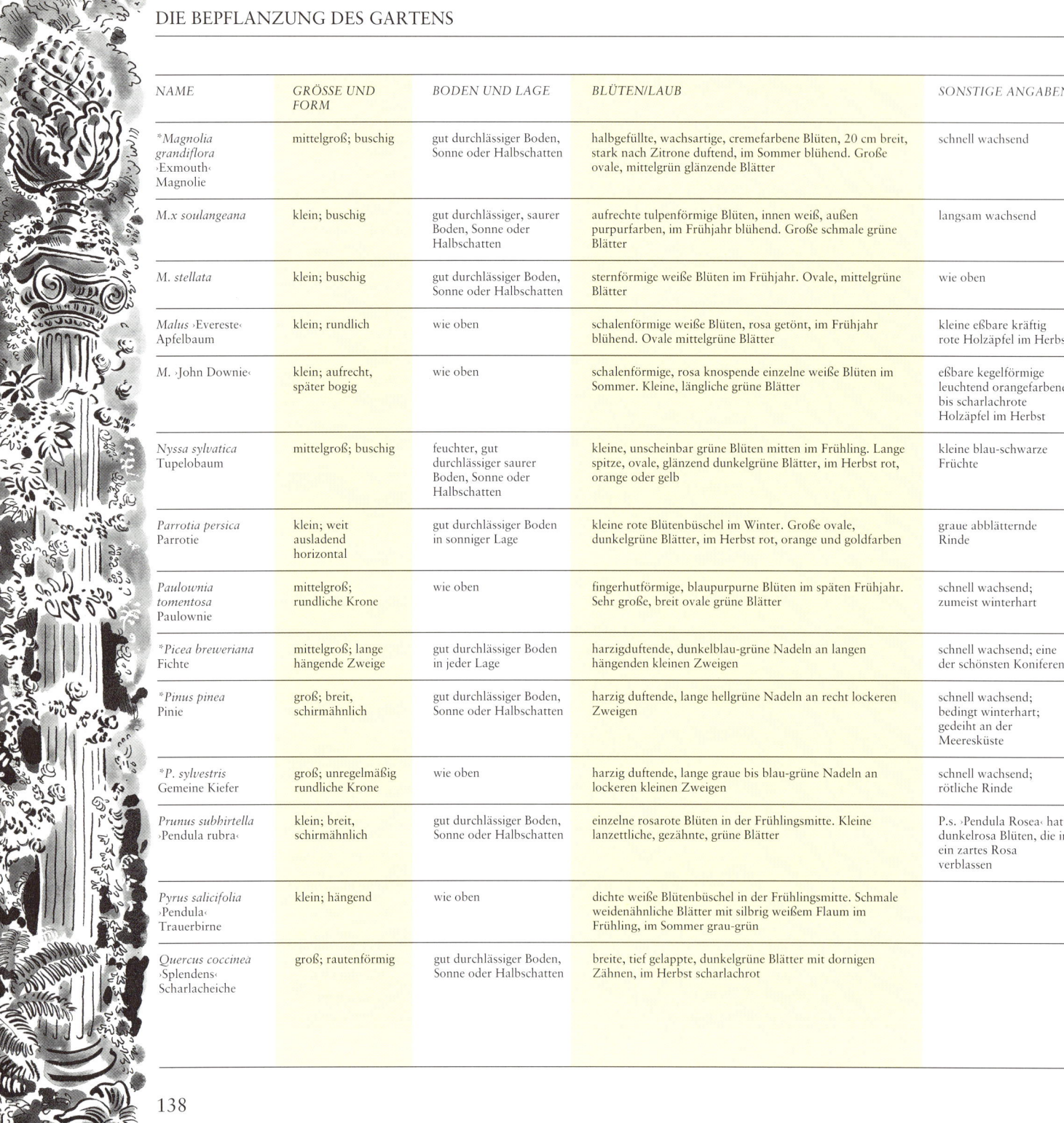

NAME	GRÖSSE UND FORM	BODEN UND LAGE	BLÜTEN/LAUB	SONSTIGE ANGABEN
*Magnolia grandiflora ›Exmouth‹ Magnolie	mittelgroß; buschig	gut durchlässiger Boden, Sonne oder Halbschatten	halbgefüllte, wachsartige, cremefarbene Blüten, 20 cm breit, stark nach Zitrone duftend, im Sommer blühend. Große ovale, mittelgrün glänzende Blätter	schnell wachsend
M.x soulangeana	klein; buschig	gut durchlässiger, saurer Boden, Sonne oder Halbschatten	aufrechte tulpenförmige Blüten, innen weiß, außen purpurfarben, im Frühjahr blühend. Große schmale grüne Blätter	langsam wachsend
M. stellata	klein; buschig	gut durchlässiger Boden, Sonne oder Halbschatten	sternförmige weiße Blüten im Frühjahr. Ovale, mittelgrüne Blätter	wie oben
Malus ›Evereste‹ Apfelbaum	klein; rundlich	wie oben	schalenförmige weiße Blüten, rosa getönt, im Frühjahr blühend. Ovale mittelgrüne Blätter	kleine eßbare kräftig rote Holzäpfel im Herbst
M. ›John Downie‹	klein; aufrecht, später bogig	wie oben	schalenförmige, rosa knospende einzelne weiße Blüten im Sommer. Kleine, längliche grüne Blätter	eßbare kegelförmige leuchtend orangefarbene bis scharlachrote Holzäpfel im Herbst
Nyssa sylvatica Tupelobaum	mittelgroß; buschig	feuchter, gut durchlässiger saurer Boden, Sonne oder Halbschatten	kleine, unscheinbar grüne Blüten mitten im Frühling. Lange spitze, ovale, glänzend dunkelgrüne Blätter, im Herbst rot, orange oder gelb	kleine blau-schwarze Früchte
Parrotia persica Parrotie	klein; weit ausladend horizontal	gut durchlässiger Boden in sonniger Lage	kleine rote Blütenbüschel im Winter. Große ovale, dunkelgrüne Blätter, im Herbst rot, orange und goldfarben	graue abblätternde Rinde
Paulownia tomentosa Paulownie	mittelgroß; rundliche Krone	wie oben	fingerhutförmige, blaupurpurne Blüten im späten Frühjahr. Sehr große, breit ovale grüne Blätter	schnell wachsend; zumeist winterhart
*Picea breweriana Fichte	mittelgroß; lange hängende Zweige	gut durchlässiger Boden in jeder Lage	harzigduftende, dunkelblau-grüne Nadeln an langen hängenden kleinen Zweigen	schnell wachsend; eine der schönsten Koniferen
*Pinus pinea Pinie	groß; breit, schirmähnlich	gut durchlässiger Boden, Sonne oder Halbschatten	harzig duftende, lange hellgrüne Nadeln an recht lockeren Zweigen	schnell wachsend; bedingt winterhart; gedeiht an der Meeresküste
*P. sylvestris Gemeine Kiefer	groß; unregelmäßig rundliche Krone	wie oben	harzig duftende, lange graue bis blau-grüne Nadeln an lockeren kleinen Zweigen	schnell wachsend; rötliche Rinde
Prunus subhirtella ›Pendula rubra‹	klein; breit, schirmähnlich	gut durchlässiger Boden, Sonne oder Halbschatten	einzelne rosarote Blüten in der Frühlingsmitte. Kleine lanzettliche, gezähnte, grüne Blätter	P.s. ›Pendula Rosea‹ hat dunkelrosa Blüten, die in ein zartes Rosa verblassen
Pyrus salicifolia ›Pendula‹ Trauerbirne	klein; hängend	wie oben	dichte weiße Blütenbüschel in der Frühlingsmitte. Schmale weidenähnliche Blätter mit silbrig weißem Flaum im Frühling, im Sommer grau-grün	
Quercus coccinea ›Splendens‹ Scharlacheiche	groß; rautenförmig	gut durchlässiger Boden, Sonne oder Halbschatten	breite, tief gelappte, dunkelgrüne Blätter mit dornigen Zähnen, im Herbst scharlachrot	

NAME	GRÖSSE UND FORM	BODEN UND LAGE	BLÜTEN/LAUB	SONSTIGE ANGABEN
*Q. ilex Steineiche	groß; rundlich	gut durchlässiger Boden in jeder Lage	gelbe Kätzchen im Sommer. Länglich dunkelgrün glänzende Blätter mit gräulichen Unterseiten, wenn ausgereift. Breite dornige Jungblätter.	
Q. robur Sommereiche	breit; rundlich	gut durchlässiger Boden, Sonne oder Halbschatten	längliche, viellappige, dunkelgrüne Blätter mit blasseren Unterseiten, orange bis rostbraun im Herbst	eine bis mehrere Früchte (Eicheln) an einem Stiel
Salix babylonica Weide	mittelgroß; hängend	feuchter, gut durchlässiger Boden, Sonne oder Halbschatten.	Kätzchen im späten Winter oder frühen Frühjahr. Lange, schmale, grüne Blätter mit blau-grünen Unterseiten.	
S. matsudana ›Tortuosa‹	mittelgroß; viele gedrehte Äste	gut durchlässiger Boden, Sonne oder Halbschatten	gelbe Kätzchen im Frühling. Schmale, spitze, grüne Blätter mit silbrig weißen Unterseiten	langsam wachsend
Sophora japonica ›Pendula‹	klein; hängend	gut durchlässiger Boden in jeder Lage	erbsenförmige cremeweiße Blüten im Spätsommer und Herbst. Grüne gefiederte Blätter	selten Blüten
Sorbus aria ›Lutescens‹ Mehlbeere	klein; rundliche Krone	gut durchlässiger, alkalischer Boden, Sonne oder Halbschatten	kleine weiße Blüten vom späten Frühjahr bis zum frühen Sommer. Ovale cremeweiße Blätter, im Spätsommer grau-grün	dunkel karmesinrote Früchte im Herbst
Stewartia senensis Scheinkamellie	klein; buschig	feuchter, gut durchlässiger saurer Boden im Halbschatten	duftende schalenförmige, weiße oder cremefarbene Blüten in den Blattachseln im Hoch- bis Spätsommer. Ovale grüne Blätter, kräftige Goldfärbung im Herbst	reizvolle Rinde, platanenartig abblätternd
Syringa vulgaris Flieder	klein; rundlich	gut durchlässiger Boden, Sonne oder Halbschatten	duftende Rispen aus vielen weißen, rosa, mauve- und purpurfarbenen Blütchen im Frühling und Frühsommer. Spitze ovale, grüne Blätter	
Taxodium distichum Sumpfzypresse	groß; aufrecht	feuchter, gut durchlässiger saurer Boden, Sonne oder Halbschatten.	hellgrüne Nadeln an kleinen rötlichen Zweigen, die im Herbst bronzefarben werden	schnell wachsend; bedingt winterhart; auffallende rotbraune Rinde
Tilia petiolaris Linde	groß; rundliche Krone, hängende Zweige	gut durchlässiger Boden in jeder Lage	duftende kleine, cremeweiße Blüten im Frühsommer. Breite, ovale, scharf gezähnte dunkelgrüne Blätter, Unterseiten mit weißem Filz	Blumen sind ein Narkotikum für Bienen!
Zelkova serrata Zelkove	groß; Krone breit und kugelrund	feuchter, gut durchlässiger Boden, Sonne oder Halbschatten	kleine unauffällige, grüne Blüten im Frühjahr. Lange, ovale, scharf gezähnte grüne Blätter, im Herbst bronzerot	graue abblätternde Rinde

Sträucher

Acer palmatum ›Dissectum‹ Ahorn	groß; rundlich, buschig; langsam wachsend	gut durchlässiger Boden im Halbschatten	fein eingeschnittene, hellgrüne Blätter, im Herbst bronzegelb	
Amelanchier canadensis Felsenbirne	groß; aufrecht, verzweigt; schnell wachsend	feuchter, gut durchlässiger saurer Boden, Sonne oder Halbschatten	kleine weiße Blütenbüschel im Frühjahr. Rosa- bis kupferfarbene Blätter im Frühling, Rot- und Gelbfärbung im Herbst	besonders schön in Frühling und Herbst

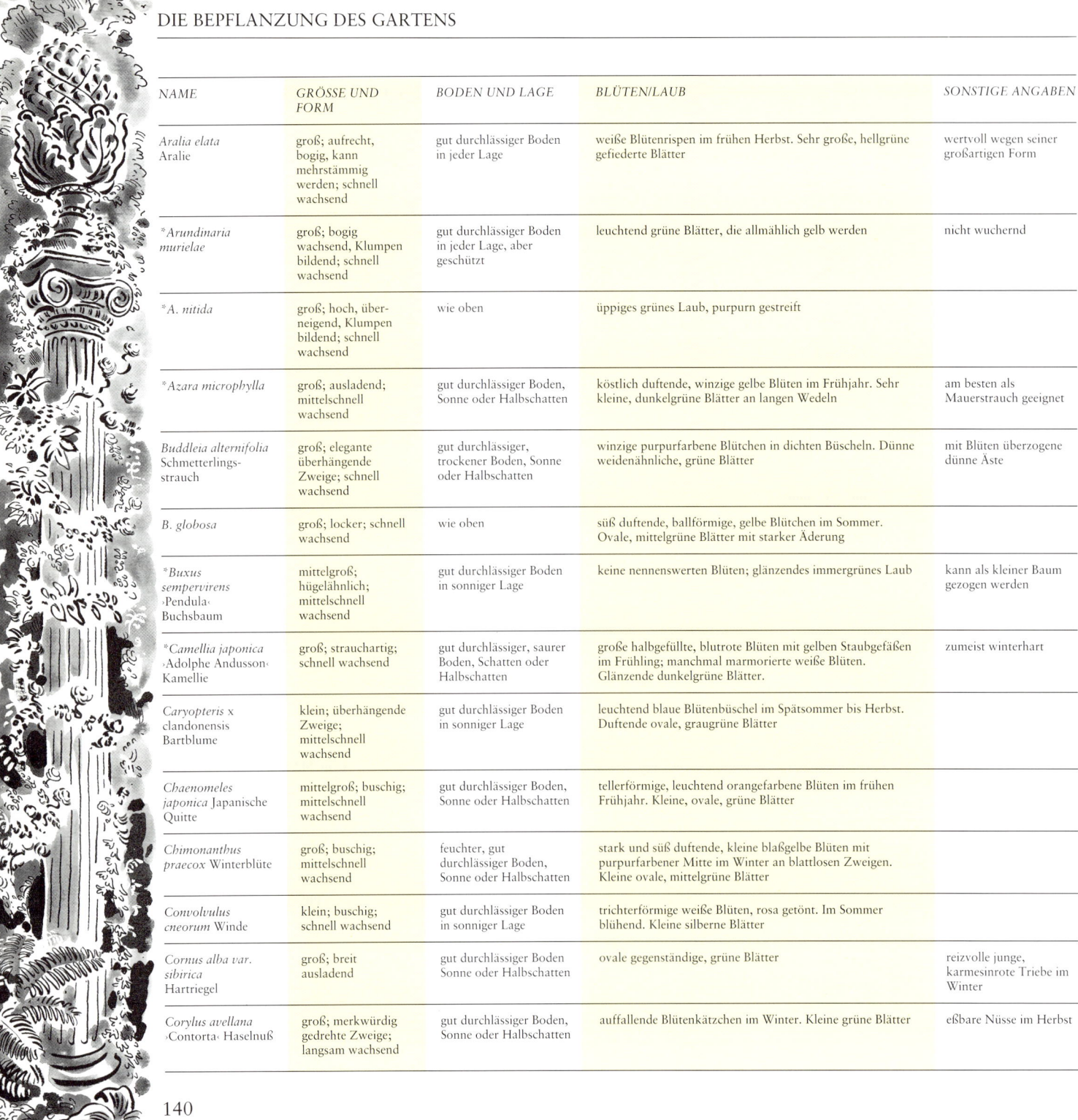

NAME	GRÖSSE UND FORM	BODEN UND LAGE	BLÜTEN/LAUB	SONSTIGE ANGABEN
Aralia elata Aralie	groß; aufrecht, bogig, kann mehrstämmig werden; schnell wachsend	gut durchlässiger Boden in jeder Lage	weiße Blütenrispen im frühen Herbst. Sehr große, hellgrüne gefiederte Blätter	wertvoll wegen seiner großartigen Form
*Arundinaria murielae	groß; bogig wachsend, Klumpen bildend; schnell wachsend	gut durchlässiger Boden in jeder Lage, aber geschützt	leuchtend grüne Blätter, die allmählich gelb werden	nicht wuchernd
*A. nitida	groß; hoch, überneigend, Klumpen bildend; schnell wachsend	wie oben	üppiges grünes Laub, purpurn gestreift	
*Azara microphylla	groß; ausladend; mittelschnell wachsend	gut durchlässiger Boden, Sonne oder Halbschatten	köstlich duftende, winzige gelbe Blüten im Frühjahr. Sehr kleine, dunkelgrüne Blätter an langen Wedeln	am besten als Mauerstrauch geeignet
Buddleia alternifolia Schmetterlingsstrauch	groß; elegante überhängende Zweige; schnell wachsend	gut durchlässiger, trockener Boden, Sonne oder Halbschatten	winzige purpurfarbene Blütchen in dichten Büscheln. Dünne weidenähnliche, grüne Blätter	mit Blüten überzogene dünne Äste
B. globosa	groß; locker; schnell wachsend	wie oben	süß duftende, ballförmige, gelbe Blütchen im Sommer. Ovale, mittelgrüne Blätter mit starker Äderung	
*Buxus sempervirens ›Pendula‹ Buchsbaum	mittelgroß; hügelähnlich; mittelschnell wachsend	gut durchlässiger Boden in sonniger Lage	keine nennenswerten Blüten; glänzendes immergrünes Laub	kann als kleiner Baum gezogen werden
*Camellia japonica ›Adolphe Andusson‹ Kamellie	groß; strauchartig; schnell wachsend	gut durchlässiger, saurer Boden, Schatten oder Halbschatten	große halbgefüllte, blutrote Blüten mit gelben Staubgefäßen im Frühling; manchmal marmorierte weiße Blüten. Glänzende dunkelgrüne Blätter.	zumeist winterhart
Caryopteris x *clandonensis* Bartblume	klein; überhängende Zweige; mittelschnell wachsend	gut durchlässiger Boden in sonniger Lage	leuchtend blaue Blütenbüschel im Spätsommer bis Herbst. Duftende ovale, graugrüne Blätter	
Chaenomeles japonica Japanische Quitte	mittelgroß; buschig; mittelschnell wachsend	gut durchlässiger Boden, Sonne oder Halbschatten	tellerförmige, leuchtend orangefarbene Blüten im frühen Frühjahr. Kleine, ovale, grüne Blätter	
Chimonanthus praecox Winterblüte	groß; buschig; mittelschnell wachsend	feuchter, gut durchlässiger Boden, Sonne oder Halbschatten	stark und süß duftende, kleine blaßgelbe Blüten mit purpurfarbener Mitte im Winter an blattlosen Zweigen. Kleine ovale, mittelgrüne Blätter	
Convolvulus cneorum Winde	klein; buschig; schnell wachsend	gut durchlässiger Boden in sonniger Lage	trichterförmige weiße Blüten, rosa getönt. Im Sommer blühend. Kleine silberne Blätter	
Cornus alba var. *sibirica* Hartriegel	groß; breit ausladend	gut durchlässiger Boden Sonne oder Halbschatten	ovale gegenständige, grüne Blätter	reizvolle junge, karmesinrote Triebe im Winter
Corylus avellana ›Contorta‹ Haselnuß	groß; merkwürdig gedrehte Zweige; langsam wachsend	gut durchlässiger Boden, Sonne oder Halbschatten	auffallende Blütenkätzchen im Winter. Kleine grüne Blätter	eßbare Nüsse im Herbst

NAME	GRÖSSE UND FORM	BODEN UND LAGE	BLÜTEN/LAUB	SONSTIGE ANGABEN
*Cytisus x kewensis Geißklee	klein; halb bogig, halb kriechend; schnell wachsend	gut durchlässiger Boden in sonniger Lage	erbsenförmige cremefarbene Blüten im späten Frühling und frühen Sommer. Dünne dunkelgrüne Blätter	laubabwerfend bis halb immergrün
C. x praecox	klein; bildet Hügel aus gebogenen Zweigen; schnell wachsend	gut durchlässiger Boden, Sonne oder Halbschatten	Büschel aus streng duftenden, cremefarbenen erbsenförmigen Blüten im Frühling. Kleine blaßgrüne Blätter, in drei Blättchen unterteilt	wegen des strengen Geruchs der Blüten nicht in die Nähe des Hauses pflanzen
Daphne mezereum Seidelbast	klein; aufrecht, langsam wachsend	feuchter gut durchlässiger Boden, Sonne oder Halbschatten	stark duftende, sternförmige mauvefarbene Blüten in der Wintermitte. Kleine breite, lanzettliche, ledrige, glänzende hellgrüne Blätter	einer der am stärksten duftenden Sträucher im winterlichen Garten
Deutzia x lemoinei Deutzie	groß; aufrecht und bogig; mittelschnell wachsend	gut durchlässiger Boden, Sonne oder Halbschatten	im Sommer einzelne reinweiße Blüten in Doldenrispen. Ovale mittelgrüne Blätter	
Exochorda racemosa	groß; locker und offen; schnell wachsend	gut durchlässiger Boden, saurer Boden, Sonne oder Halbschatten	im späten Frühjahr einzelne weiße Blüten in aufrechten Trauben mit dunklem Auge. Ovale mittelgrüne Blätter	wertvoll wegen ihrer außergewöhnlichen Frühjahrsblüten
*Fatsia japonica	mittelgroß bis groß; locker und aufrecht; schnell wachsend	gut durchlässiger Boden, Sonne oder Halbschatten	breite ledrige, gelappte mittelgrüne Blätter	bedingt winterhart
Fuchsia magellanica Fuchsie	mittelgroß; buschig; schnell wachsend	gut durchlässiger Boden in jeder Lage	lange schmale Blüten mit scharlachroter Röhre und violetten Blütenblättern im Sommer und Herbst. Je drei ovale grüne Blätter in Quirlen	
Helichrysum lanatum Strohblume	klein; kompakte Büschel bildend; schnell wachsend	trockener, gut durchlässiger Boden in sonniger Lage	Büschel aus gänseblumenähnlichen zitronengelben Blüten im Sommer. Lange schmale, silbergraue Blätter	
Hibiscus syriacus Duc de Brabant. Eibisch	groß; kompakt; schnell wachsend	gut durchlässiger Boden in sonniger Lage	große gefüllte, trompetenförmige, dunkelrosa-purpurfarbene Blüten im Spätsommer und frühen Herbst. Rhombische mittelgrüne Blätter	H.s. ›Lady Stanley‹ hat leicht rosa getönte weiße Blüten mit kastanienbraunem Fleck
Hydrangea macrophylla ›Blue Wave‹ Hortensie	mittelgroß; aufrecht; schnell wachsend	durchlässiger saurer Boden, Schatten oder Halbschatten	große schirmförmige Blütenstände aus blauen Blütchen, umgeben von Randblüten in Rosa, Lila bis Enzianblau. Ovale, gezähnte, hellgrüne Blätter	eignet sich vorzüglich als Mauerstrauch
H. sargentiana	groß; aufrecht; schnell wachsend	wie oben	große schirmförmige Blütenstände aus blauen Blütchen, umgeben von weißen Randblüten in Spätsommer und Herbst. Sehr große, ovale samtgrüne Blätter an behaarten Stielen	bevorzugt eine geschützte Lage
*Hypericum calycinum Johanniskraut	klein; breite Hügel bildend; schnell wachsend	trockener, gut durchlässiger Boden in jeder Lage	große schalenförmige, gelbe Blüten im Sommer und Herbst. Ovale hellgrüne Blätter	ausgezeichneter Bodendecker
Jasminum nudiflorum Winterjasmin	groß; locker kriechend; schnell wachsend	gut durchlässiger Boden, Sonne oder Halbschatten	kleine trompetenförmige, leuchtend gelbe Blüten in Spätherbst und Winter an nackten Zweigen. Schmale, mittelgrün glänzende Blätter	hervorrangend kletternder und kriechender Strauch
*Juniperus squamata ›Blue Star‹ Wacholder	klein; ausladend; langsam wachsend	wie oben	sehr dichte stahlblaue Nadeln	

141

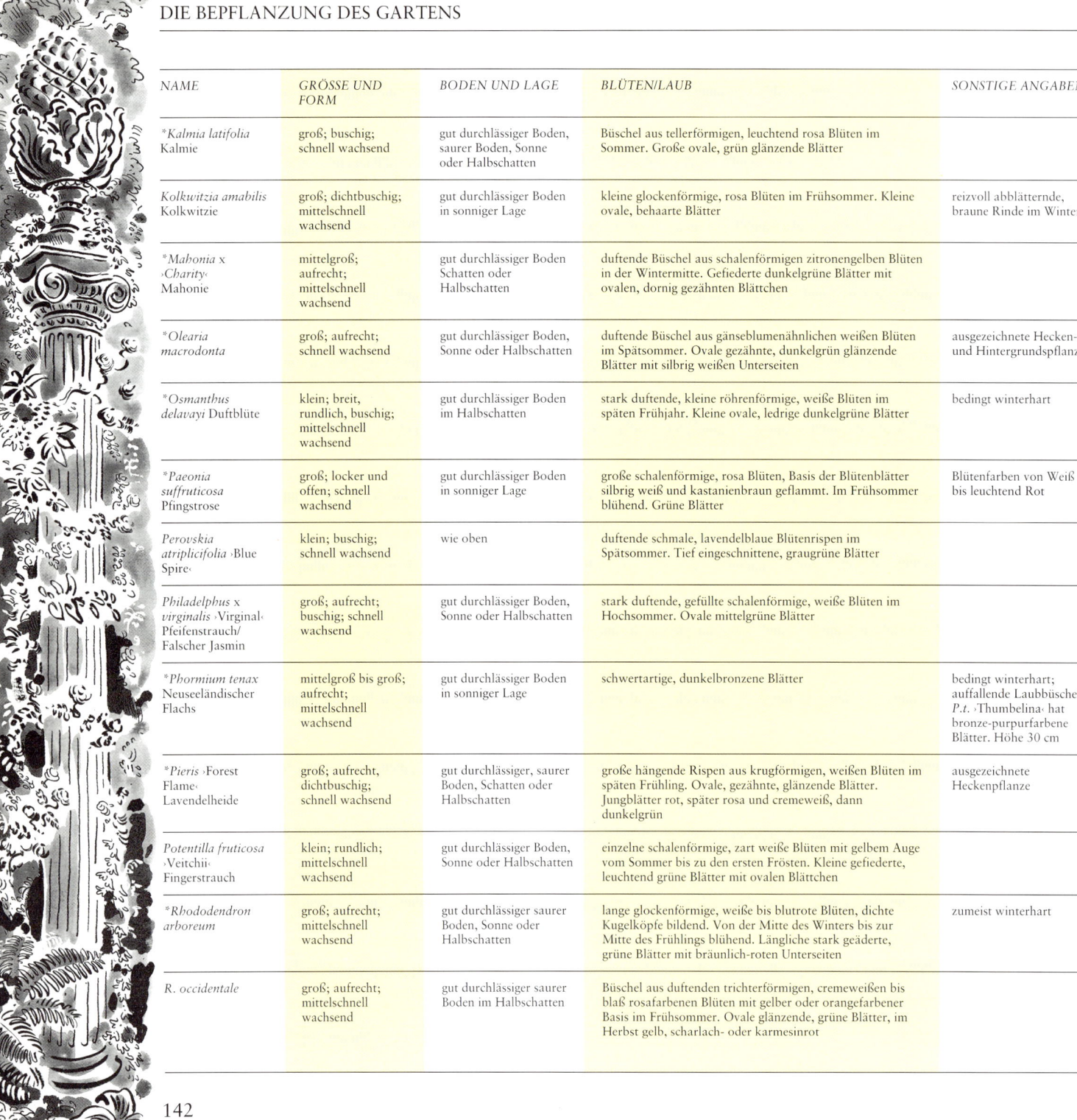

DIE BEPFLANZUNG DES GARTENS

NAME	GRÖSSE UND FORM	BODEN UND LAGE	BLÜTEN/LAUB	SONSTIGE ANGABEN
Kalmia latifolia Kalmie	groß; buschig; schnell wachsend	gut durchlässiger Boden, saurer Boden, Sonne oder Halbschatten	Büschel aus tellerförmigen, leuchtend rosa Blüten im Sommer. Große ovale, grün glänzende Blätter	
Kolkwitzia amabilis Kolkwitzie	groß; dichtbuschig; mittelschnell wachsend	gut durchlässiger Boden in sonniger Lage	kleine glockenförmige, rosa Blüten im Frühsommer. Kleine ovale, behaarte Blätter	reizvoll abblätternde, braune Rinde im Winter
Mahonia x ›Charity‹ Mahonie	mittelgroß; aufrecht; mittelschnell wachsend	gut durchlässiger Boden Schatten oder Halbschatten	duftende Büschel aus schalenförmigen zitronengelben Blüten in der Wintermitte. Gefiederte dunkelgrüne Blätter mit ovalen, dornig gezähnten Blättchen	
Olearia macrodonta	groß; aufrecht; schnell wachsend	gut durchlässiger Boden, Sonne oder Halbschatten	duftende Büschel aus gänseblumenähnlichen weißen Blüten im Spätsommer. Ovale gezähnte, dunkelgrün glänzende Blätter mit silbrig weißen Unterseiten	ausgezeichnete Hecken- und Hintergrundspflanze
Osmanthus delavayi Duftblüte	klein; breit, rundlich, buschig; mittelschnell wachsend	gut durchlässiger Boden im Halbschatten	stark duftende, kleine röhrenförmige, weiße Blüten im späten Frühjahr. Kleine ovale, ledrige dunkelgrüne Blätter	bedingt winterhart
Paeonia suffruticosa Pfingstrose	groß; locker und offen; schnell wachsend	gut durchlässiger Boden in sonniger Lage	große schalenförmige, rosa Blüten, Basis der Blütenblätter silbrig weiß und kastanienbraun geflammt. Im Frühsommer blühend. Grüne Blätter	Blütenfarben von Weiß bis leuchtend Rot
Perovskia atriplicifolia ›Blue Spire‹	klein; buschig; schnell wachsend	wie oben	duftende schmale, lavendelblaue Blütenrispen im Spätsommer. Tief eingeschnittene, graugrüne Blätter	
Philadelphus x *virginalis* ›Virginal‹ Pfeifenstrauch/ Falscher Jasmin	groß; aufrecht; buschig; schnell wachsend	gut durchlässiger Boden, Sonne oder Halbschatten	stark duftende, gefüllte schalenförmige, weiße Blüten im Hochsommer. Ovale mittelgrüne Blätter	
Phormium tenax Neuseeländischer Flachs	mittelgroß bis groß; aufrecht; mittelschnell wachsend	gut durchlässiger Boden in sonniger Lage	schwertartige, dunkelbronzene Blätter	bedingt winterhart; auffallende Laubbüschel. *P.t.* ›Thumbelina‹ hat bronze-purpurfarbene Blätter. Höhe 30 cm
Pieris ›Forest Flame‹ Lavendelheide	groß; aufrecht, dichtbuschig; schnell wachsend	gut durchlässiger, saurer Boden, Schatten oder Halbschatten	große hängende Rispen aus krugförmigen, weißen Blüten im späten Frühling. Ovale, gezähnte, glänzende Blätter. Jungblätter rot, später rosa und cremeweiß, dann dunkelgrün	ausgezeichnete Heckenpflanze
Potentilla fruticosa ›Veitchii‹ Fingerstrauch	klein; rundlich; mittelschnell wachsend	gut durchlässiger Boden, Sonne oder Halbschatten	einzelne schalenförmige, zart weiße Blüten mit gelbem Auge vom Sommer bis zu den ersten Frösten. Kleine gefiederte, leuchtend grüne Blätter mit ovalen Blättchen	
Rhododendron arboreum	groß; aufrecht; mittelschnell wachsend	gut durchlässiger saurer Boden, Sonne oder Halbschatten	lange glockenförmige, weiße bis blutrote Blüten, dichte Kugelköpfe bildend. Von der Mitte des Winters bis zur Mitte des Frühlings blühend. Längliche stark geäderte, grüne Blätter mit bräunlich-roten Unterseiten	zumeist winterhart
R. occidentale	groß; aufrecht; mittelschnell wachsend	gut durchlässiger saurer Boden im Halbschatten	Büschel aus duftenden trichterförmigen, cremeweißen bis blaß rosafarbenen Blüten mit gelber oder orangefarbener Basis im Frühsommer. Ovale glänzende, grüne Blätter, im Herbst gelb, scharlach- oder karmesinrot	

NAME	GRÖSSE UND FORM	BODEN UND LAGE	BLÜTEN/LAUB	SONSTIGE ANGABEN
Rhus typhina ›Laciniata‹ Essigbaum/Hirschkolbensumach	groß; locker und offen; schnell wachsend	gut durchlässiger Boden, Sonne oder Halbschatten	unauffällige grünlich weiße Blüten in der Frühlingsmitte. Große gefiederte, grüne Blätter mit lanzettförmigen gezähnten Blättchen, im Herbst orange und rot.	karmesinrote, kolbenartige Fruchtstände an den weiblichen Pflanzen
Salix caprea ›Pendula‹ Salweide	klein; hängend; mittelschnell wachsend	feuchter, gut durchlässiger Boden im Halbschatten	gelbe männliche Kätzchen und silberne weibliche Kätzchen im Frühling. Ovale grüne Blätter mit grauen Unterseiten.	
Spirea x *arguta* Spierstrauch	klein; aufrecht; schnell wachsend	gut durchlässiger Boden in jeder Lage	Doldentrauben aus kleinen weißen Blüten im Frühjahr. Schmale hellgrüne Blätter	
S. x *bumalda* ›Anthony Waterer‹	klein; buschig; schnell wachsend	wie oben	karmin-rosafarbene Blüten, die vom Hochsommer bis zum Herbst flache Blütenköpfe bilden. Lanzettliche, gezähnte, weißbunte Jungblätter mit rosa Rand, später mittelgrün	S.b. ›Goldflame‹ hat karmesinrote Blüten. Leuchtend goldene Jungblätter werden später sanftgelb
Viburnum x *burkwoodii* Schneeball	mittelgroß; aufrecht; schnell wachsend	gut durchlässiger Boden, Schatten oder Halbschatten	Büschel aus duftenden weißen Blüten von der Mitte des Winters bis zum Frühling. Ovale glänzende, grüne Blätter mit bräunlich-grauen Unterseiten.	
V. *carlesii*	mittelgroß; rundlich; schnell wachsend	gut durchlässiger Boden im Halbschatten	ballförmige Doldentrauben aus reinweißen Blüten mit süßem seidelbastähnlichem Duft im Frühjahr. Flaumige stumpfgrüne Blätter mit grauen Unterseiten.	rosa Knospen; pechschwarze Früchte im Herbst
V. tinus	groß; aufrecht, dichtbuschig; schnell wachsend	gut durchlässiger Boden in jeder Lage	leicht duftende, weiße Blütenbüschel im Winter. Ovale dunkelgrüne glänzende Blätter	rosa Knospen; kann blaue Beeren tragen
Yucca filamentosa Palmlilie	groß; sehr aufrecht; schnell wachsend	wie oben	aufrechte Rispen aus großen hängenden, glockenförmigen cremeweißen Blüten im Hochsommer. Große Rosetten aus langen schmalen, glänzenden blaugrünen Blättern	herrlich dekorative Pflanze

Kletter- und Mauerpflanzen

Actinidia chinensis Strahlengriffel	groß	gut durchlässiger Boden in sonniger Lage	Büschel aus schalenförmigen cremefarbenen Blüten im Spätsommer. Ovale, stark geäderte, dunkelgrüne Blätter	weibliche und männliche Pflanzen sind notwendig, damit eßbare Früchte entstehen
A. *kolomikta*	klein	wie oben	schalenförmige cremefarbene Blüten, im Spätsommer büffelgelb. Herzförmige grüne Blätter werden creme- und rosafarben panaschiert	Laub ist wertvoller als die Blüten
Akebia quinata	groß	gut durchlässiger Boden in jeder Lage	duftende rote und purpurfarbene Blütentrauben im Frühling. Jedes Blatt umfaßt fünf ausgerandete Blättchen	
Aristolochia durior Pfeifenblume	groß	gut durchlässiger Boden, Sonne oder Halbschatten	krugförmige gelb-grüne und braune Blüten im Spätsommer. Große herzförmige, leuchtend grüne Blätter	

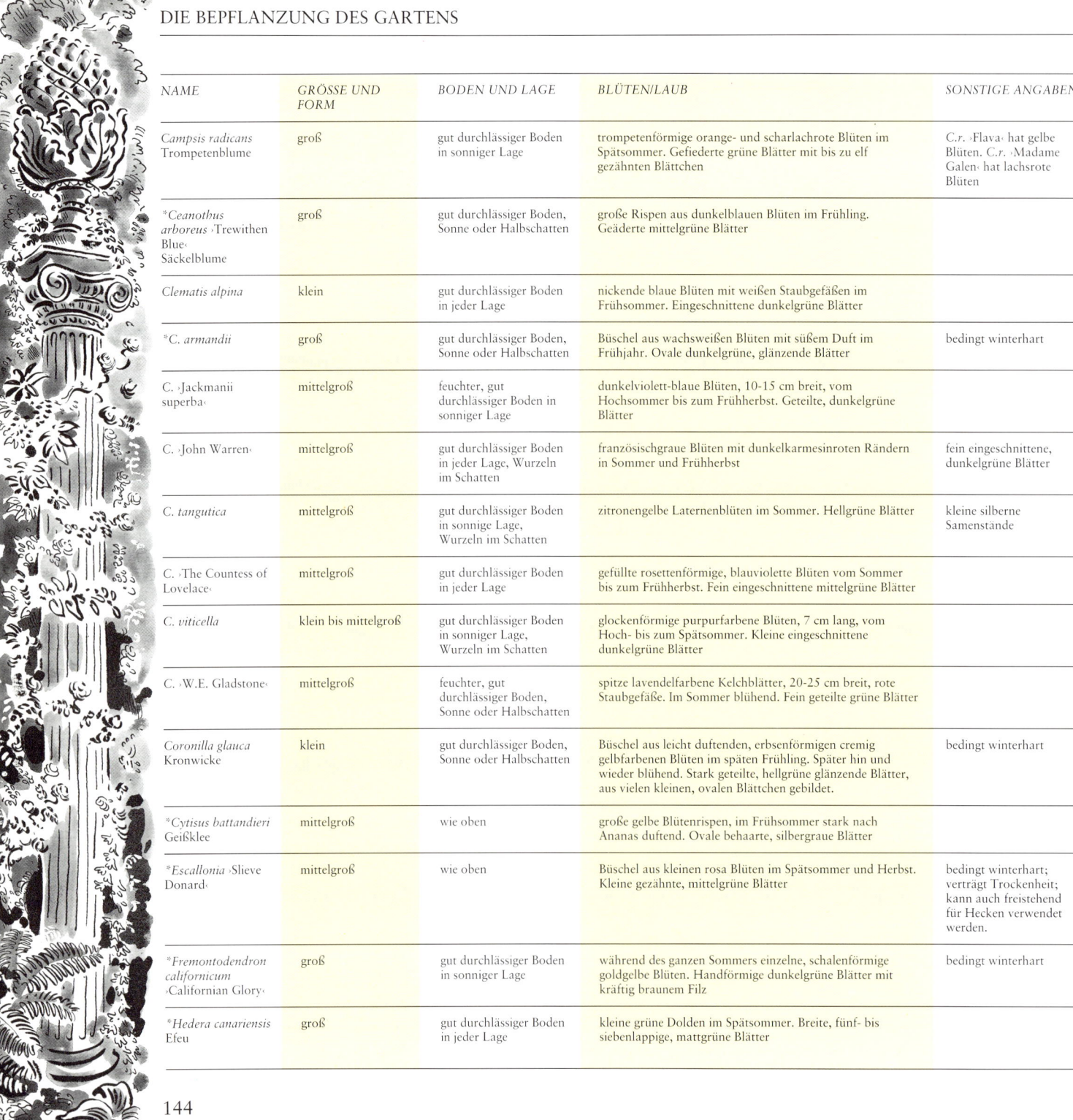

DIE BEPFLANZUNG DES GARTENS

NAME	GRÖSSE UND FORM	BODEN UND LAGE	BLÜTEN/LAUB	SONSTIGE ANGABEN
Campis radicans Trompetenblume	groß	gut durchlässiger Boden in sonniger Lage	trompetenförmige orange- und scharlachrote Blüten im Spätsommer. Gefiederte grüne Blätter mit bis zu elf gezähnten Blättchen	C.r. ›Flava‹ hat gelbe Blüten. C.r. ›Madame Galen‹ hat lachsrote Blüten
Ceanothus arboreus ›Trewithen Blue‹ Säckelblume	groß	gut durchlässiger Boden, Sonne oder Halbschatten	große Rispen aus dunkelblauen Blüten im Frühling. Geäderte mittelgrüne Blätter	
Clematis alpina	klein	gut durchlässiger Boden in jeder Lage	nickende blaue Blüten mit weißen Staubgefäßen im Frühsommer. Eingeschnittene dunkelgrüne Blätter	
**C. armandii*	groß	gut durchlässiger Boden, Sonne oder Halbschatten	Büschel aus wachsweißen Blüten mit süßem Duft im Frühjahr. Ovale dunkelgrüne, glänzende Blätter	bedingt winterhart
C. ›Jackmanii superba‹	mittelgroß	feuchter, gut durchlässiger Boden in sonniger Lage	dunkelviolett-blaue Blüten, 10-15 cm breit, vom Hochsommer bis zum Frühherbst. Geteilte, dunkelgrüne Blätter	
C. ›John Warren‹	mittelgroß	gut durchlässiger Boden in jeder Lage, Wurzeln im Schatten	französischgraue Blüten mit dunkelkarmesinroten Rändern in Sommer und Frühherbst	fein eingeschnittene, dunkelgrüne Blätter
C. *tangutica*	mittelgroß	gut durchlässiger Boden in sonnige Lage, Wurzeln im Schatten	zitronengelbe Laternenblüten im Sommer. Hellgrüne Blätter	kleine silberne Samenstände
C. ›The Countess of Lovelace‹	mittelgroß	gut durchlässiger Boden in jeder Lage	gefüllte rosettenförmige, blauviolette Blüten vom Sommer bis zum Frühherbst. Fein eingeschnittene mittelgrüne Blätter	
C. *viticella*	klein bis mittelgroß	gut durchlässiger Boden in sonniger Lage, Wurzeln im Schatten	glockenförmige purpurfarbene Blüten, 7 cm lang, vom Hoch- bis zum Spätsommer. Kleine eingeschnittene dunkelgrüne Blätter	
C. ›W.E. Gladstone‹	mittelgroß	feuchter, gut durchlässiger Boden, Sonne oder Halbschatten	spitze lavendelfarbene Kelchblätter, 20-25 cm breit, rote Staubgefäße. Im Sommer blühend. Fein geteilte grüne Blätter	
Coronilla glauca Kronwicke	klein	gut durchlässiger Boden, Sonne oder Halbschatten	Büschel aus leicht duftenden, erbsenförmigen cremig gelbfarbenen Blüten im späten Frühling. Später hin und wieder blühend. Stark geteilte, hellgrüne glänzende Blätter, aus vielen kleinen, ovalen Blättchen gebildet.	bedingt winterhart
**Cytisus battandieri* Geißklee	mittelgroß	wie oben	große gelbe Blütenrispen, im Frühsommer stark nach Ananas duftend. Ovale behaarte, silbergraue Blätter	
**Escallonia* ›Slieve Donard‹	mittelgroß	wie oben	Büschel aus kleinen rosa Blüten im Spätsommer und Herbst. Kleine gezähnte, mittelgrüne Blätter	bedingt winterhart; verträgt Trockenheit; kann auch freistehend für Hecken verwendet werden.
**Fremontodendron californicum* ›Californian Glory‹	groß	gut durchlässiger Boden in sonniger Lage	während des ganzen Sommers einzelne, schalenförmige goldgelbe Blüten. Handförmige dunkelgrüne Blätter mit kräftig braunem Filz	bedingt winterhart
**Hedera canariensis* Efeu	groß	gut durchlässiger Boden in jeder Lage	kleine grüne Dolden im Spätsommer. Breite, fünf- bis siebenlappige, mattgrüne Blätter	

NAME	GRÖSSE UND FORM	BODEN UND LAGE	BLÜTEN/LAUB	SONSTIGE ANGABEN
H. colchica	groß	gut durchlässiger Boden in jeder Lage	kleine grüne Dolden im Sommer. Sehr große, ovale, dicke, ledrige dunkelgrüne Blätter	
H. helix	groß	gut durchlässiger Boden in jeder Lage	kleine grüne Dolden im Herbst. Drei- oder fünflappige dunkelgrüne Blätter	schwarze Früchte; ausgezeichneter Bodendecker. *H.h.* ›Baltica‹ ist wesentlich härter. *H.h.* ›Hibernica‹ hat mehr breite als lange Blätter.
Hydrangea petiolaris Kletterhortensie	groß	gut durchlässiger Boden, saurer Boden oder Halbschatten	große schirmförmige, grünweiße Blütenstände mit weißen Randblütchen im Spätsommer. Ovale spitze, leuchtend grüne Blätter	
Jasminum officinale Echter Jasmin	groß	gut durchlässiger Boden, Sonne oder Halbschatten	stark duftende Büschel aus kleinen trompetenförmigen, weißen Blüten vom Hochsommer bis in den Herbst. Gefiederte dunkelgrüne Blätter aus fünf bis neun kleinen, lanzettliche Blättchen	
Lonicera x american Geißblatt	groß	gut durchlässiger Boden in jeder Lage	duftende weiße Blütenbüschel, im Hochsommer dunkelgelb werdend. Elliptische, leuchtend grüne Blätter	purpurfarbene Knospen; vorzüglich als Kletterpflanze für Bäume, Hecken und Mauern
L. japonica ›Aureo-reticulata‹	groß	gut durchlässiger Boden in jeder Lage	unbedeutende Blüten in Sommer und Herbst. Elliptische, leuchtend grüne Blätter mit hervortretenden goldenen Adern	
L. japonica ›Halliana‹	groß	gut durchlässiger Boden, Sonne oder Halbschatten	stark duftende, weiße Blütenbüschel, im Sommer gelb werdend. Ovale leuchtend grüne Blätter	immergrün bis halb immergrün
L. periclymenum ›Serotina‹	groß	wie oben	stark duftende Büschel aus trompetenförmigen kräftig rot-purpurfarbenen Blüten, innen gelb, im Spätsommer und Frühherbst. Ovale mittelgrüne Blätter	hübsche rote Beeren im Herbst
Parthenocissus henryana Jungfernrebe	mittelgroß	gut durchlässiger Boden in jeder Lage	drei- oder fünflappige, dunkle, samtgrüne Blätter mit rosa- und silberfarbenen Adern, im Herbst leuchtend rot	
P. quinquefolia	groß	gut durchlässiger Boden, Sonne oder Halbschatten	fünf ovale, mattgrüne Blättchen mit glänzenden Unterseiten, im Herbst orangefarben bis scharlachrot	kletternd; kleine blau-schwarze Früchte
Passiflora caerulea Passionsblume	mittelgroß	gut durchlässiger Boden in sonniger Lage	stark duftende, sternförmige weiße und purpurne Blüten mit auffälliger Mitte im Sommer und Herbst. Handförmige fünf- bis siebenlappige, dunkelgrüne Blätter	trägt nach einem heißen Sommer ovale orangefarbene eßbare Früchte
Polygonum baldschuanicum Knöterich	groß	gut durchlässiger Boden, Sonne oder Halbschatten	dicke Rispen aus cremefarbenen, leicht rosa getönten Blüten vom Hochsommer bis zum Herbst. Mittelgroße bis große, blaßgrüne Blätter	
Trachelospermum jasminoides Sternjasmin	groß	gut durchlässiger Boden, Sonne oder Halbschatten	sehr süß duftende, winzige trompetenförmige, weiße Blüten im Spätsommer. Lange, starr glänzende, dunkelgrüne Blätter	
Tropaeolum speciosum Kapuzinerkresse	klein	wie oben	trompetenförmige, leuchtend scharlachrote Blüten im Sommer. Rundliche grüne Blätter	

NAME	GRÖSSE UND FORM	BODEN UND LAGE	BLÜTEN/LAUB	SONSTIGE ANGABEN
Vitis coignetiae Rebe	groß	wie oben	intensiv süß duftende Büschel aus kleinen, cremefarbenen Blüten im Spätsommer. Riesige rundliche, gelappte grüne Blätter mit hellen Unterseiten, im Herbst karmesin- und scharlachrot	
Vitis vinifera ›Brant‹ Echte Weinrebe	groß	gut durchlässiger Boden, Sonne oder Halbschatten	kleine hellgrüne Blüten im Sommer. Große drei- bis fünflappige, grüne Blätter, im Herbst karmesinrot, orange und rosa	eßbare, süße purpur- schwarze Trauben im Herbst
Wisteria floribunda ›Macrobotrys‹ Glyzine	groß	gut durchlässiger Boden in sonniger Lage	duftende lila Blütentrauben, über 30 cm lang, manchmal 90 cm, im Frühsommer blau-purpurfarben getönt. Gefiederte hellgrüne Blätter	langsam wachsend
W. sinensis	groß	wie oben	lange Trauben aus duftenden erbsenförmigen, mauvefarbenen oder dunkelvioletten Blüten im Frühsommer. Hellgrüne Blätter mit bis zu dreizehn elliptischen Blättchen	W.s. ›Alba‹ hat weiße Blüten und verströmt einen starken Duft

Rosen

NAME	GRÖSSE UND FORM	BODEN UND LAGE	BLÜTEN/LAUB	SONSTIGE ANGABEN
Rosa ›Camaieux‹	H. 1,20 m; kompakt	feuchter, gut durchlässiger Boden, Sonne oder Halbschatten	duftende halb gefüllte, zartrosa Blüten mit hell karmesinroten Streifen im Hochsommer. Graugrüne Blätter	Triebe wenig bestachelt
R. ›Desprez à Fleur Jaune‹	H. 4,50 m; kletternd	wie oben	remontierende große Blüten in warmem Gelb, aprikosenfarbig getönt und leicht nach Tee duftend. Blüht im Sommer. Ovale grüne Blätter	schnell wachsend
R. ›Frühlingsgold‹	H. 2,50 m; buschig	wie oben	leicht duftende, große einzelne, goldgelbe Blüten im Frühsommer. Ovale grüne Blätter	schnell wachsend; ausgezeichnet als Heckenpflanze
R. ›Gloire de Dijon‹	H. 3 m; kletternd	gut durchlässiger Boden, Sonne oder Halbschatten	remontierende stark duftende, große kugelförmige, büffelgelbe Blüten während des ganzen Sommers. Ovale grüne Blätter	schnell wachsend
R. ›La France‹	H. 1,20 m; kletternd	gut durchlässiger Boden, Sonne oder Halbschatten	remontierende tiefe, schalenförmige Blüten, innen zartrosa, außen mattkräftiges Rosa, stark duftend während des ganzen Sommers. Ovale grüne Blätter	wie oben
R. ›Madame Alfred Carrière‹	H. 6 m; kletternd	gut durchlässiger Boden, Sonne oder Halbschatten	remontierende sehr süß duftende, schalenförmige rosa Blüten, weiß angehaucht im Sommer. Hellgrünes Laub; wenig anfällig für Krankheiten.	wie oben
R. ›Madame Hardy‹	H. 1,80 m; aufrecht	feuchter, gut durchlässiger Boden, Sonne oder Halbschatten	intensiv duftende, stark gefüllte kamellienähnliche, reinweiße Blüten mit grünlicher Mitte im Sommer. Ovale grüne Blätter	
R. ›Maréchal Niel‹	H. 3 m; kletternd	gut durchlässiger Boden, Sonne oder Halbschatten	remontierende leicht duftende, rein dottergelbe Blüten im Sommer. Ovale grüne Blätter	bedingt winterhart; schnell wachsend; klassische viktorianische Teerose

NAME	GRÖSSE UND FORM	BODEN UND LAGE	BLÜTEN/LAUB	SONSTIGE ANGABEN
R. moyesii ›Geranium‹	H. 3 m; aufrecht, bogig wachsend	feuchter, gut durchlässiger Boden, Sonne oder Halbschatten	einzelne scharlachrote Blüten, 5 cm breit, mit goldenen Staubgefäßen im Sommer. Typisches Strauchrosenlaub	karmesinrote flaschenförmige Hagebutten im Herbst
R. mundi	H. 1,50 m; buschig	gut durchlässiger Boden, Sonne oder Halbschatten	halbgefüllte karmesinrote Blüten, im Sommer rosa und weiß geflammt. Ovale grüne Blätter	schnell wachsende Strauchrose
R. primula	H. 2 m; aufrecht	feuchter, gut durchlässiger Boden, Sonne oder Halbschatten	duftende einzelne, leuchtend gelbe Blüten im späten Frühjahr. Kleine leicht aromatische Blätter mit sieben bis dreizehn grünen Blättchen	
R. ›Reine des Violettes‹	H. 1,80 m; buschig	feuchter, gut durchlässiger Boden, Sonne oder Halbschatten	remontierende duftende, kräftig violett-purpurfarbene Blüten mit helleren Unterseiten, flach und geviertelt im Sommer. Ovale graugrüne Blätter	
R. rubrifolia	H. 1,80 m; locker, bogig wachsend	gut durchlässiger Boden in jeder Lage	kleine, einzelne, rosa Blüten im Sommer. Ovale, pflaumengraue Blätter	schnell wachsend
R. rugosa	H. 1,50 m; dicht, buschig	wie oben	remontierende einzelne, hellrote Blüten im Sommer. Fein runzelige, ledrige, apfelgrünen glänzende Blätter	schnell wachsend; runde, flache Hagebutten
R.r. ›Blanc Double de Coubert‹	H. 1,80 m; bogig wachsend	gut durchlässiger Boden, Sonne oder Halbschatten	remontierende stark duftende, große halbgefüllte, reinweiße Blüten im Spätsommer. Kleine grüne Blätter	
R.r. ›Parfum de L'Hay‹	H. 1,80 m; buschig	feuchter, gut durchlässiger Boden, Sonne oder Halbschatten	remontierende stark duftende, dickgefüllte mittelgroße, karmesinrote Blüten im Sommer. Ovale grüne Blätter	vielleicht die am stärksten duftende Rose
R.r. ›Pink Grootendorst‹	H. 90 cm; aufrecht	gut durchlässiger Boden, Sonne oder Halbschatten	remontierende große Büschel aus kleinen, locker gefüllten, rosa Blüten im Sommer. Kleine runzelige, grüne Blätter an sehr stacheligen Trieben	
R. spinosissima	H. 1,20 m; dicht, buschig	gut durchlässiger Boden in jeder Lage	kleine cremeweiße oder rosaweiße Blüten im Sommer. Farnähnliches grünes Laub	schnell wachsend; glänzende schwarze Hagebutten
R. villosa ›Duplex‹	H. 1,80 m; dicht verzweigter Strauch	feuchter, gut durchlässiger Boden, Sonne oder Halbschatten	große harzig duftende, halb gefüllte reinrosa Blüten im Hochsommer. Graugrüne Blätter, typisch für Strauchrosen	kugelförmige, dunkelrote Hagebutten, 3 cm lang
R. ›Zéphirine Drouhin‹	H. 3 m; kletternd	gut durchlässiger Boden in jeder Lage	remontierende leicht duftende, rosarote Blüten des Bourbon-Typs während des ganzen Sommers. Ovale grüne Blätter	schnell wachsend

Stauden

Acanthus mollis Bärenklau	H. 90 cm	gut durchlässiger, trockener Boden, Sonne oder Halbschatten	purpurne oder weiße Blütenähren im Sommer. Prächtige grün, glänzende Blätter	
Achillea ageratum Garbe	H. 20 bis 30 cm	gut durchlässiger Boden in sonniger Lage	große Blütenköpfe mit kleinen weißen Blütchen. Filigrane Blätter	
Aconitum carmichaelii Eisenhut	H 120 cm	gut durchlässiger Boden im Halbschatten	helmartige purpurblaue Blüten im Herbst. Eingeschnittenes grünes Laub	

NAME	GRÖSSE UND FORM	BODEN UND LAGE	BLÜTEN/LAUB	SONSTIGE ANGABEN
Agapanthus patens Schmucklilie	H. 60 bis 90 cm	gut durchlässiger Boden in sonniger Lage	reinblaue Blütendolden auf kräftigen Stielen vom Hochsommer bis zum Frühherbst. Riemenförmige grüne Blätter	
Anaphalis margaritacea Silberimmortelle	H. 45 cm	gut durchlässiger Boden im Halbschatten	aufrechte Büschel aus lockeren weißen Blütenköpfen im Spätsommer. Speerförmige silberne Blätter	
Anemone japonica ›Kriemhilde‹	H. 75-90 cm	gut durchlässiger Boden, Sonne oder Halbschatten	aufrechte reinrosa Blüten vom Spätsommer bis zum Herbst. Geteiltes mittelgrünes Laub	
A. pulsatilla	H. 25-40 cm	gut durchlässiger Boden in sonniger Lage	schalenförmige mauve-purpurfarbene Blüten im Frühjahr; etwas rosa getönt. Spitzenartiges graues Laub	
Aquilegia ›Biedermeier‹ Akelei	H 45 cm	wie oben	aufrechte Stiele mit rosa Blüten. Eingeschnittenes hellgrünes Laub	A. ›McKana‹: gemischt-farbige Blüten, H. 90 cm
A. flabellata	H. 30 cm	gut durchlässiger Boden, Sonne oder Halbschatten	nickende lilablaue und cremefarbene Blüten im späten Frühjahr bis zum Frühsommer. Graugrüne Blätter	A.f. var. pumilla ›Alba‹: weiße Blüten, H. 15 cm
Arabia caucasica Gänsekresse	H. 60 cm	gut durchlässiger Boden in sonniger Lage	duftende weiße Blüten mit gelben Staubgefäßen in der Wintermitte bis zum späten Frühjahr. Silbergraues Laub bildet breite Polster	
Armeria pseudoarmend ›Bees Ruby‹ Grasnelke	H 45 cm	wie oben	dunkelrosa Blüten im Sommer. Glänzende, grüne Blätter	
Artemisia absinthium Wermuth	H. 90 cm	wie oben	duftende Rispen mit kleinen gelben, kugeligen Köpfchen im Sommer. Duftende fiederschnittige, silbergrüne Blätter	
Artemisia lactiflora Milchweiße Edelraute	120-150 cm	wie oben	leicht süßlich duftende, cremefarbene Blüten, 13 mm breit, in dicht besetzten, federartigen Rispen im Spätsommer. Gefiederte gelappte und gezähnte Blätter	
Artemesia ludoviciana ›Silver Queen‹	Höhe 90 cm	gut durchlässiger Boden, Sonne oder Halbschatten	kleine gelbe Blüten im Sommer. Duftende geteilte, silberne Blätter	
Aruncus sylvester Waldgeißbart	H. 120 cm	feuchter, gut durchlässiger Boden im Halbschatten	cremeweiße Blüten in langen, verzweigten Rispen im Sommer. Doppelt drei- bis fünffach gefiederte, grüne Blätter in verzweigten, lockeren Büscheln	
Aster acris	H. 90 cm	gut durchlässiger Boden, Sonne oder Halbschatten	Doldenrispig verzweigte Stengel mit vielen kleinen, hellblau bis mauvefarbenen Blüten im Spätsommer. Kleine schmale, mittelgrüne Blätter, dichte halbkugelige Büsche bildend	
Astilbe ›Ostrich Plume‹ Prachtspiere	H. 60-90 cm	gut durchlässiger Boden im Halbschatten	hängende leuchtend rosa Blütenähren im Frühsommer. Gefiederte grüne Blätter, lockere Büsche bildend.	
Astrantia involucrata Sterndolde	H. 75-90 cm	gut durchlässiger Boden im Schatten	zottige weiße Blüten im Sommer. Ovale mittelgrüne Blätter	
A. major var. alba	H. 60 bis 90 cm	gut durchlässiger Boden im Halbschatten	kissenartige silberne bis rosafarbene Blüten, wie eine Halskrause von Hüllblättern umgeben, im Sommer und Herbst blühend. Fiederschnittige grüne Blätter in Büscheln	A.m.a. ›Rosensinfonie‹ hat rosa getönte Blüten

NAME	GRÖSSE UND FORM	BODEN UND LAGE	BLÜTEN/LAUB	SONSTIGE ANGABEN
Athyrium filix-femina Frauenfarn	H. 60 cm	feuchter, gut durchlässiger Boden, Schatten oder Halbschatten	hohe, leicht gebogene grüne Wedel in Tuffs	
Bergenia cordifolia Bergenie	H. 40 cm	feuchter, gut durchlässiger Boden in jeder Lage	an Blütenrispen Büschel aus hängenden lavendel-rosafarbenen Blüten im späten Frühling. Große ovale, grün glänzende Blätter in unregelmäßigen Büscheln	schnell wachsend
Brunnera macrophylla Kaukasus-vergißmeinnicht	H. 45 cm	gut durchlässiger Boden, Sonne oder Halbschatten	rispige Blütenstände mit kleinen sattblauen Blüten im Frühling und Frühsommer. Breite runde, grüne Blätter, kleine Hügel bildend	
Campanula barbata var. *alba* Bärtige Glockenblume	H 30 cm	gut durchlässiger Boden in sonniger Lage	kleine glockenförmige, reinweiße Blüten im Sommer. Kleine lanzettliche, grüne Blätter	
C. carpatica ›Blaue Clips‹ Karpaten-glockenblume	H. 15-25 cm	gut durchlässiger Boden, Sonne oder Halbschatten	Offene, glockenförmige, blaue Blüten im Sommer. Kleine herzförmige, mittelgrüne Blätter	*C.c.* ›Weiße Clips‹ hat weiße Blüten
Catananche caerulea Rasselblume	H. 60 cm	gut durchlässiger Boden in sonniger Lage	halbgefüllte blaue Blüten im Sommer. Lange schmallanzettliche, behaarte Blätter	
Centaurea montana Flockenblume	H. 40 cm	gut durchlässiger Boden in sonniger Lage	rosa, violette oder purpurne Blüten im Früh- bis Hochsommer. Längliche gebogene, silbergraue Blätter in Büscheln	
Cheiranthus ›Bowles Mauve‹ Goldlack	H. 90 cm	gut durchlässiger Boden in sonniger Lage	Trauben aus mauve-purpurfarbenen Blüten, mit Unterbrechungen das ganze Jahr über. Schmale graue Blätter	
Cimicifuga racemosa Silberkerze	H. 120 cm	feuchter, gut durchlässiger Boden im Schatten	etwas duftende, leicht überhängende weiße Blütentrauben im Hoch- bis zum Spätsommer. Kleine tief eingeschnittene, gezähnte grüne Blätter	
Convallaria majalis Maiglöckchen	H. 25 cm	gut durchlässiger Boden im Halbschatten	süß duftende Trauben aus weißen, glockenförmigen Blüten im Frühjahr. Lange ovale, mittelgrüne Blätter	wuchernde giftige Wurzeln
Cortaderia selloana Pampasgras	H 280 cm	gut durchlässiger Boden, Sonne oder Halbschatten	bis 2,50 m lange Blütenhalme mit langen silberweißen, lockeren Blütenrispen. Festes grasähnliches Laub in dichten Horsten	
Cosmea ›Sensation‹ Schmuckkörbchen	H. 90 cm	gut durchlässiger Boden in sonniger Lage	einzelne weiße, rosa oder mauvefarbene Blüten mit gelber Mitte im Sommer. Reizvolles farnartiges Laub in lockeren Büscheln	bedingt winterhart
Cynara cardunculus Artischocke	H. 120-180 cm	wie oben	distelartige blauweiße Blüten im Sommer und Frühherbst. Geteilte graue Blätter	
Delphinium x *belladonna* ›Blue Bees‹ Rittersporn	H. 90-120 cm	gut durchlässiger Boden in sonniger Lage	einzelne hohe, aufrechte Trauben, dicht besetzt mit offenen schalenförmigen, himmelblauen Blüten im Früh- bis zum Hochsommer. Tief eingeschnittene, mittelgrüne Blätter	*D. xb.* ›Lamartine‹ hat violett-blaue Blüten. H. 120-220 cm
Dianthus plumarius ›Mrs Sinkins‹ Nelke	H. 45 cm	gut durchlässiger Boden, Sonne oder Halbschatten	duftende gefüllte, rosa Blüten mit kastanienbraunem Auge im Sommer. Lange, dünne, silbergraue Blätter, Polster bildend	

149

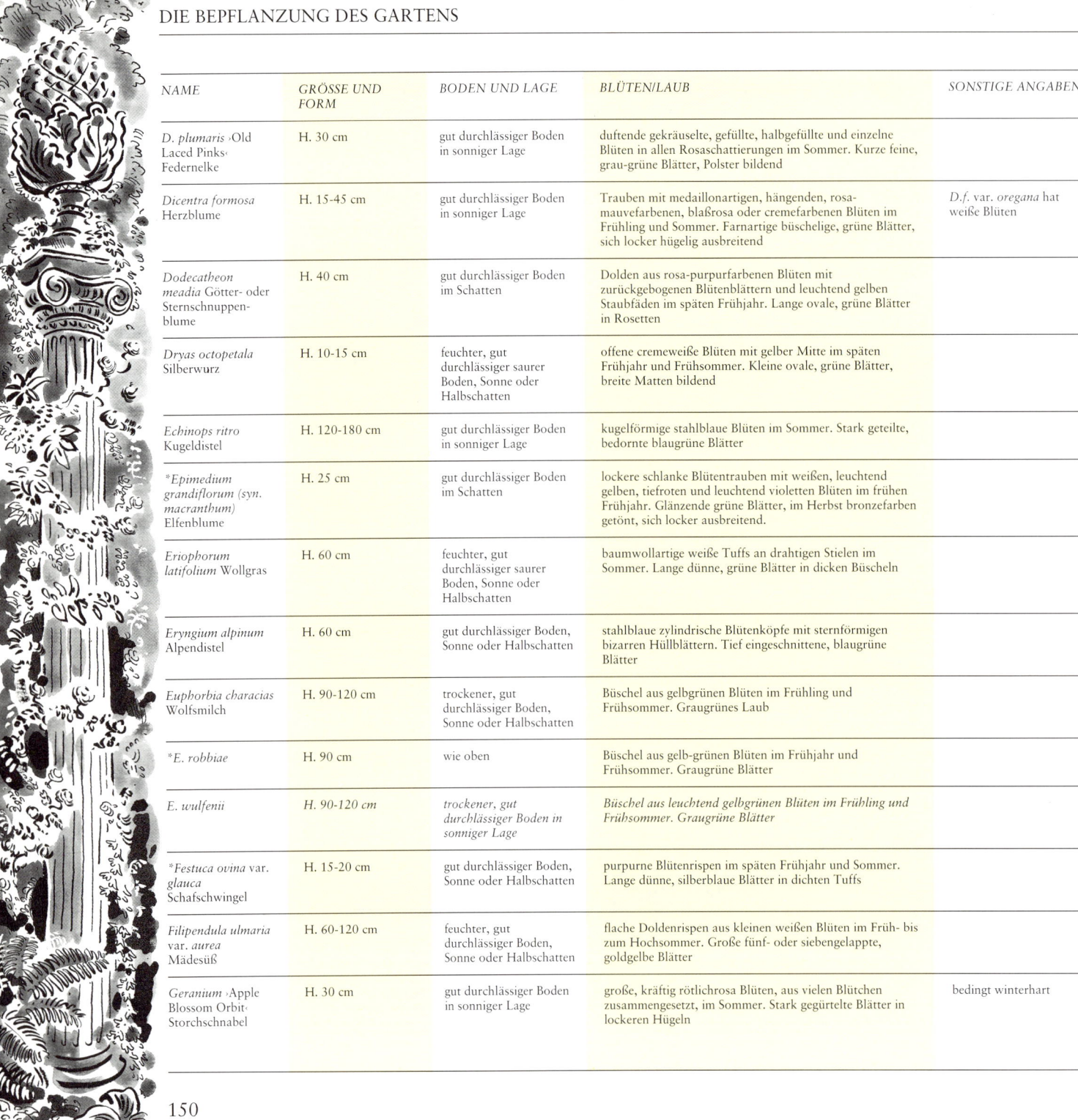

NAME	GRÖSSE UND FORM	BODEN UND LAGE	BLÜTEN/LAUB	SONSTIGE ANGABEN
D. plumaris ›Old Laced Pinks‹ Federnelke	H. 30 cm	gut durchlässiger Boden in sonniger Lage	duftende gekräuselte, gefüllte, halbgefüllte und einzelne Blüten in allen Rosaschattierungen im Sommer. Kurze feine, grau-grüne Blätter, Polster bildend	
Dicentra formosa Herzblume	H. 15-45 cm	gut durchlässiger Boden in sonniger Lage	Trauben mit medaillonartigen, hängenden, rosa-mauvefarbenen, blaßrosa oder cremefarbenen Blüten im Frühling und Sommer. Farnartige büschelige, grüne Blätter, sich locker hügelig ausbreitend	D.f. var. oregana hat weiße Blüten
Dodecatheon meadia Götter- oder Sternschnuppen-blume	H. 40 cm	gut durchlässiger Boden im Schatten	Dolden aus rosa-purpurfarbenen Blüten mit zurückgebogenen Blütenblättern und leuchtend gelben Staubfäden im späten Frühjahr. Lange ovale, grüne Blätter in Rosetten	
Dryas octopetala Silberwurz	H. 10-15 cm	feuchter, gut durchlässiger saurer Boden, Sonne oder Halbschatten	offene cremeweiße Blüten mit gelber Mitte im späten Frühjahr und Frühsommer. Kleine ovale, grüne Blätter, breite Matten bildend	
Echinops ritro Kugeldistel	H. 120-180 cm	gut durchlässiger Boden in sonniger Lage	kugelförmige stahlblaue Blüten im Sommer. Stark geteilte, bedornte blaugrüne Blätter	
*Epimedium grandiflorum (syn. macranthum) Elfenblume	H. 25 cm	gut durchlässiger Boden im Schatten	lockere schlanke Blütentrauben mit weißen, leuchtend gelben, tiefroten und leuchtend violetten Blüten im frühen Frühjahr. Glänzende grüne Blätter, im Herbst bronzefarben getönt, sich locker ausbreitend.	
Eriophorum latifolium Wollgras	H. 60 cm	feuchter, gut durchlässiger saurer Boden, Sonne oder Halbschatten	baumwollartige weiße Tuffs an drahtigen Stielen im Sommer. Lange dünne, grüne Blätter in dicken Büscheln	
Eryngium alpinum Alpendistel	H. 60 cm	gut durchlässiger Boden, Sonne oder Halbschatten	stahlblaue zylindrische Blütenköpfe mit sternförmigen bizarren Hüllblättern. Tief eingeschnittene, blaugrüne Blätter	
Euphorbia characias Wolfsmilch	H. 90-120 cm	trockener, gut durchlässiger Boden, Sonne oder Halbschatten	Büschel aus gelbgrünen Blüten im Frühling und Frühsommer. Graugrünes Laub	
*E. robbiae	H. 90 cm	wie oben	Büschel aus gelb-grünen Blüten im Frühjahr und Frühsommer. Graugrüne Blätter	
E. wulfenii	H. 90-120 cm	trockener, gut durchlässiger Boden in sonniger Lage	Büschel aus leuchtend gelbgrünen Blüten im Frühling und Frühsommer. Graugrüne Blätter	
*Festuca ovina var. glauca Schafschwingel	H. 15-20 cm	gut durchlässiger Boden, Sonne oder Halbschatten	purpurne Blütenrispen im späten Frühjahr und Sommer. Lange dünne, silberblaue Blätter in dichten Tuffs	
Filipendula ulmaria var. aurea Mädesüß	H. 60-120 cm	feuchter, gut durchlässiger Boden, Sonne oder Halbschatten	flache Doldenrispen aus kleinen weißen Blüten im Früh- bis zum Hochsommer. Große fünf- oder siebengelappte, goldgelbe Blätter	
Geranium ›Apple Blossom Orbit‹ Storchschnabel	H. 30 cm	gut durchlässiger Boden in sonniger Lage	große, kräftig rötlichrosa Blüten, aus vielen Blütchen zusammengesetzt, im Sommer. Stark gegürtelte Blätter in lockeren Hügeln	bedingt winterhart

NAME	GRÖSSE UND FORM	BODEN UND LAGE	BLÜTEN/LAUB	SONSTIGE ANGABEN
G. pratense	H. 60 cm	wie oben	einzelne sanft lavendelblaue Blüten im Sommer. Dreifach gefiederte, grüne Blätter, kleine Büsche bildend	G.p. ›Galactic‹ hat weiße Blüten
G. riversleaianum ›Russell Prichard‹	H. 30-60 cm	wie oben	einzelne rosarote Blüten im Sommer und Frühherbst. Sanft grau-grüne Blätter, einen hügeligen Teppich bildend	
Gypsophila paniculata Riesenschleierkraut	H. 90 cm	wie oben	lockere zarte Büschel aus kleinen einzelnen, weißen Blüten, die im Sommer duftige Wolken bilden. Unbedeutende zart grüne Blätter	
Helictotrichon sempervirens Blaustrahlhafer	H. 45 cm	trockener, gut durchlässiger Boden, Sonne oder Halbschatten	bräunliche Blütenrispen im Frühsommer. Grasartiges blau-grünes Laub, dicke Tuffs bildend	silberne Samenstände
Helleborus niger Christrose	H. 30 cm	gut durchlässiger Boden im Halbschatten	große cremeweiße Blüten mit goldener Mitte im Winter. Ovale ledrige, glänzende dunkelgrüne Blätter	
Hemerocallis ›Lark Song‹ Taglilie	H. 45-90 cm	gut durchlässiger Boden, Sonne oder Halbschatten	trompetenförmige gelbe Blüten im Sommer. Riemenförmige grüne Blätter, buschig wachsend	
Heucherella x tiarelloides ›Bridget Bloom‹	H. 25-30 cm	gut durchlässiger Boden im Halbschatten	Trauben aus kleinen weißen bis rosa glockenförmigen Blütchen im späten Frühjahr bis zum Hochsommer und wieder im Frühherbst. Kleine, leicht gelappte Blätter in dichten kleinen Hügeln	
Hosta fortunei var. aurea Herzblattlilie	H. 60-90 cm	gut durchlässiger Boden im Schatten	mauvefarbene Blütchen im Sommer. Breite, spitz zulaufende, grüne Blätter mit goldenem Rand	
Iberis sempervirens ›Snowflake‹ Schleifenblume	H. 45-60 cm	gut durchlässiger Boden, Sonne oder Halbschatten	reinweiße Blütchen, im späten Frühjahr und Frühsommer, runde Blütenköpfe bildend. Kleine dunkelgrüne Blätter	
Iris kaempferi Iris, Schwertlilie	H. 75-90 cm	feuchter, gut durchlässiger Boden in sonniger Lage	große offene, schneeweiße, blaue oder purpurne Blüten im Frühsommer. Aufrechte dünne, riemenförmige grüne Blätter in Büscheln	
I. pallida ›Variegata‹	H. 75-90 cm	gut durchlässiger Boden in sonniger Lage	duftende blaue Blüten im Frühsommer. Silbrig schimmernde, grau-grüne schwertförmige, gelb gezeichnete Blätter in fächerartigen Tuffs	
I. sibirica	H. 90-120 cm	feuchter, gut durchlässiger Boden in sonniger Lage	kleine blau-weiße oder dunkelpurpurne Blüten im Früh- bis zum Hochsommer. Schilfähnliches grünes Laub	
Kniphofia erecta Fackellilie	H. 120 cm	trockener, gut durchlässiger Boden in sonniger Lage	flaschenbürstenähnliche Blütenköpfe aus dicht gedrängten, orange-scharlachroten Blütchen an aufrechten Stielen im Spätsommer. Schilfähnliche grüne Blätter, unregelmäßige Büschel bildend.	
Lamium maculatum ›Chequers‹ Gefleckte Taubnessel	H. 20-25 cm	trockener, gut durchlässiger Boden im Schatten	behelmte weiße und purpurrosa Blüten im Frühjahr. Herzförmige grüne Blätter, graugrün gefleckt, sich kriechend ausbreitend	
Lavatera ›Rosea‹ Buschmalve	H 150 cm	gut durchlässiger Boden in sonniger Lage	rosarote Blüten im Sommer. Weiche salbeigrüne Blätter	

NAME	GRÖSSE UND FORM	BODEN UND LAGE	BLÜTEN/LAUB	SONSTIGE ANGABEN
Leontopodium alpinum Alpenedelweiß	H. 10-15 cm	trockener, gut durchlässiger Boden in sonniger Lage	sternförmige grünlich weiße Blüten mit gelber Mitte im Sommer. Schmale, dicht graufilzige Blätter	
Liatris pycnostachya Prachtscharte	H. 90-120 cm	gut durchlässiger Boden in sonniger Lage	dichte, rosa-purpurfarbene Blütenähren im Hochsommer. Schmales grünes Laub, bogig wachsend	
Linum perenne ›Blue Saphyr‹ Lein	H. 15-20 cm	wie oben	einzelne himmelblaue Blüten im Sommer. Grau-grüne Blätter, Hügel bildend	L.p. ›White Diamond‹ hat reinweiße Blüten. H. 30 cm
*Lithospermum diffusum Steinsame	H. 15 cm	wie oben	zarte sternförmige, dunkelblaue Blüten im späten Frühjahr und Frühsommer. Niederliegende kriechende Zweige mit dunkelgrünen Blättchen	
Lychnis coronaria ›Abbotswood Rose‹ Vexiernelke	H. 60-90 cm	trockener, gut durchlässiger Boden in sonniger Lage	offene, ballförmige, weiße Blüten im Sommer. Grau-grüne Blätter in Büscheln	L.c. ›Alba‹ hat auch weiße Blüten
Malva alcea ›Fastigiata‹ Malve	H. 120 cm	gut durchlässiger Boden, Sonne oder Halbschatten	tiefrosa Blüten im Sommer und Herbst. Herzförmige gelappte, silberne sanftgrüne Blätter	
Mentha pulegium Minze	H. 10-30 cm	gut durchlässiger Boden in sonniger Lage	kleine lila Blüten im Spätsommer und Herbst. Duftende ovale, dunkelgrüne Blätter	
Milium effusum ›Aureum‹ Flattergras	H. 30-90 cm	gut durchlässiger Boden, Sonne oder Halbschatten	unbedeutende Blüten im Sommer. Lange dünne, gelbe Blätter in grasartigen Tuffs	
Miscanthus sinensis ›Silver Fern‹ Chinaschilf	H. 180 cm	trockener, gut durchlässiger Boden, Sonne oder Halbschatten	rot getönte weiße Blütenrispen im Spätsommer und Herbst. Hohe grasartige, gebogene silberrinnige, grüne Blätter in dichten Horsten	
*Nepeta faassenii Katzenminze	H. 30 cm	gut durchlässiger Boden in sonniger Lage	Ähren mit lavendelblauen Blüten im Frühjahr und Sommer. Duftende kleine, graue Blätter, Hügel bildend	Katzen lieben diese Pflanze!
Oenothera missouriensis Nachtkerze	H. 30-45 cm	gut durchlässiger Boden in sonniger Lage	trompetenförmige gelbe Blüten, die sich im Sommer abends öffnen. Ovale grüne Blätter, kleine Hügel bildend.	
Paeonia ›Kelways Lovely‹ Pfingstrose	H. 75-110 cm	gut durchlässiger Boden, Sonne oder Halbschatten	große gefüllte, rosarote Blüten im Frühling. Schmale grüne Blätter buschartig wachsend	
P. lactiflora	H. 60 cm	feuchter, gut durchlässiger Boden, Sonne oder Halbschatten	stark duftende, große weiße Blüten im Frühsommer. Große eingeschnittene, dunkelgrüne glänzende Blätter	
P. officinalis ›Rubra Plena‹	H. 60-90 cm	gut durchlässiger Boden, Sonne oder Halbschatten	kugelförmige karmesinrote Blüten im späten Frühjahr. Große gelappte, dunkelgrüne Blätter	
Papaver orientale ›Goliath‹ Türkischer Mohn	H. 90 cm	gut durchlässiger Boden in sonniger Lage	einzelne offene, leuchtend rote Blüten im Frühling und Frühsommer. Lange farnartige, behaarte grüne Blätter, buschartig wachsend	
Pennisetum alopecuroides Lampenputzergras	H. 30-150 cm	gut durchlässiger Boden in sonniger Lage	unbedeutende Blüten im Sommer. Lange dünne, grüne, gelbe, oder purpurne Blätter in grasartigen Tuffs	zumeist winterhart

NAME	GRÖSSE UND FORM	BODEN UND LAGE	BLÜTEN/LAUB	SONSTIGE ANGABEN
*Phlox paniculata ›Admiral‹ Flammenblume	H. 60-90 cm	gut durchlässiger Boden in sonniger Lage	dichte Büschel aus einzelnen, kleinen, weißen Blüten im Hoch- bis zum Spätsommer. Kleine ovale, grune Blatter	P.p. ›Sandringham‹ hat rosa Blutchen
Physalis alkekengi Lampionblume	H. 45 cm	wie oben	unbedeutende kleine, weiße Blüten im Sommer. Große ovale, grüne Blätter	laternenförmige orangefarbene Samenstände
Polygonatum multiflorum Salomonssiegel	H. 75 cm	gut durchlässiger Boden im Schatten	zahlreiche weiße, an den Spitzen grünliche Blüten hängen im Frühling an gebogenen Stielen herab. Längliche ovale, deutlich gezeichnete, grüne Blätter	
Primula auricula Alpenaurikel	H. 15-25 cm	gut durchlässiger Boden in jeder Lage	Büschel aus schmalen glockenförmigen, grünen Blüten mit cremefarbenem Auge im späten Frühjahr, bevor die Blätter erscheinen. Große, ovale, wachsartige, hellgrüne Blätter	P.a. ›Lovebird‹ hat hellgrüne Blütenblätter; wächst im Schatten oder Halbschatten
P. denticulata var. alba Kugelprimel	H. 10-30 cm	wie oben	weiße Kugeln aus vielen Blütchen im Frühling. Hellgrüne Blätter, Rosetten bildend.	
P. veris Himmelschlüssel	H. 25 cm	wie oben	Büschel aus hängenden zitronengelben Blütchen im Frühling. Hellgrüne Blätter in Rosetten.	
P. vulgaris Kissenprimel	H. 10-20 cm	feuchter, gut durchlässiger Boden, Schatten oder Halbschatten	einzelne offene, dottergelbe Blüten mit goldener Mitte im Frühling. Runzelige hellgrüne Blätter in Rosetten	
Pulsatilla vulgaris Kuhschelle/ Küchenschelle	H. 10-20 cm	gut durchlässiger Boden, Sonne oder Halbschatten	offene glockenförmige, violette Blüten im Frühling. Fein gefiedertes Laub	P.v. ›White‹ hat weiße Blüten
Ranunculus gramineus Grasblättriger Hahnenfuß	H. 40 cm	gut durchlässiger Boden in sonniger Lage	schalenförmige gelbe Blüten im späten Frühjahr und Frühsommer. Schmale grasartige, blaugrüne Blätter in kleinen Büscheln	
Salvia x superba Salbei	H. 90-120 cm	wie oben	Ähren mit vielen violett-purpurfarbenen Blütchen im Sommer. Duftende, grau-grüne Blätter	
*Saxifraga ›Cloth of Gold‹ Steinbrech	H. 10-15 cm	feuchter, gut durchlässiger Boden im Halbschatten	weiße Blüten im Frühsommer. Goldene Laubhügel	
Scabiosa caucasica Skabiose	H. 75 cm	gut durchlässiger Boden in sonniger Lage	große lavendelblaue Blüten im Früh- bis zum Hochsommer. Silbergrünes Laub in lockeren Tuffs	
Sedum cauticola Fetthenne/Fettblatt	H. 10 cm	gut durchlässiger Boden, Sonne oder Halbschatten	Trugdolden aus kleinen karmesinroten Blütchen im Spätsommer. Blaugrüne Blätter in breiten Tuffs	
Senecio przewalskii Kreuzkraut	H. 150 cm	trockener, gut durchlässiger Boden, Sonne oder Halbschatten	viele kleine, hellgelbe Blüten an spitz zulaufenden Ähren im Sommer. Tief eingeschnittene grüne Blätter, dicke Tuffs bildend	
Stachys lanata Wollziest/ Eselsohren/ Hasenohren	H. 50 cm	trockener, gut durchlässiger Boden, Sonne oder Halbschatten	rosa Blüten im Sommer. Silberfilzige Blätter, bodendeckend	

NAME	GRÖSSE UND FORM	BODEN UND LAGE	BLÜTEN/LAUB	SONSTIGE ANGABEN
Thalictrum aquilegifolium Amstelraute	H. 60-90 cm	gut durchlässiger Boden, Sonne oder Halbschatten	flauschige, mauvefarbene bis weiße Blüten im Hoch- bis zum Spätsommer. Gefiederte blaugrüne Blätter in lockeren Tuffs	
*Thymus serphyllum var. coccineus Feldthymian	H. 5-10 cm	gut durchlässiger Boden, Sonne oder Halbschatten	Büschel aus kleinen roten Blüten im Frühsommer. Duftende fadenförmige Blätter, kriechende Matten bildend	
Tiarella cordifolia Schaumblüte	H. 15-30 cm	gut durchlässiger Boden, Sonne oder Halbschatten	schaumige weiße Blüten in Frühling und Frühsommer. Flache goldgrüne Blätter	
Tradescantia virginiana ›Osprey‹ Dreimasterblume	H. 30-45 cm	gut durchlässiger Boden in sonniger Lage	zahlreiche weiße Blütchen mit jeweils drei Blütenblättern im Sommer. Streifenförmige, unordentliche, grau-grüne Blätter	
Verbascum hybridum ›Gainsborough‹ Königskerze	H. 150 cm	wie oben	spitz zulaufende Ähren, dicht besetzt mit einzelnen schalenförmigen, hellgelben Blüten im Sommer. Silbergraue Blätter in Rosetten	
Veronica spicata var. incarna Ehrenpreis	H. 60 cm	wie oben	spitz zulaufende Ähren, im Sommer dicht besetzt mit zahlreichen violetten Blüten. Schmale gezähnte, graue Blätter in breiten Tuffs	
Vinca minor ›Bowles Variety‹ Immergrün	H 15-25 cm	gut durchlässiger Boden, Schatten oder Halbschatten	trichterförmige hellblaue Blüten im Frühling und Sommer. Kleine ovale, glänzende, dunkelgrüne Blätter, sich kriechend ausbreitend.	ausgezeichneter Bodendecker
Viola odorata ›Queen Charlotte‹ Duftveilchen	H. 10 cm	gut durchlässiger Boden, Sonne oder Halbschatten	duftende kleine, offene dunkelblaue Blüten im Frühling. Ovale grüne Blätter in kleinen Haufen.	

Sommerblumen (einjährig und zweijährig)

NAME	GRÖSSE UND FORM	BODEN UND LAGE	BLÜTEN/LAUB	SONSTIGE ANGABEN
Alcea rosea var. nigra Stockrose	H. 150 cm	gut durchlässiger Boden in sonniger Lage	schokoladen-kastanienfarbige Blüten, zur Mitte hin schwarz, im Sommer. Rauhe, gezähnte, herzförmige hellgrüne Blätter	auch als mehrjährige Staude geeignet
Alyssum ›Sweet White‹ Steinkraut	H. 10 cm	gut durchlässiger Boden, Sonne oder Halbschatten	duftende kleine, weiße Blüten vom Frühsommer bis zum Frühherbst. Kurze, riemenförmige Blätter, breite kleine Hügel bildend.	
Antirrhinum ›Lavender Monarch‹ Löwenmäulchen	H. 35-40 cm	wie oben	Ähren mit vielen mauvefarbenen Blüten im Spätsommer. Kleine dunkelgrüne Blätter an den Blütenstielen.	
*Briza minor Zittergras	H. 45 cm	wie oben	schimmernde Blütenrispen im Sommer. Lange schmale, grasähnliche Blätter	anmutige, hängende Samenstände
Campanula medium ›Bells of Holland‹ Marienglocken-blumen	H. 40 cm	gut durchlässiger Boden in sonniger Lage	große glockenförmige, blaue, mauvefarbene, rosa oder weiße Blüten im Frühsommer. Kleine riemenförmige, grüne Blätter	zweijährig
Cineraria maritima	H. 15-20 cm	gut durchlässiger Boden im Halbschatten	hübsches farnartiges, wolliges, silbergraues Laub	zweijährig; wertvoll wegen ihres Laubs

NAME	GRÖSSE UND FORM	BODEN UND LAGE	BLÜTEN/LAUB	SONSTIGE ANGABEN
Dianthus caryophyllus Gartennelke	H. 45-90 cm	gut durchlässiger Boden in sonniger Lage	rosa Nelkenblüten, im Sommer stark nach Nelken duftend. Dünne, wachsartige, graue Blätter in Büscheln	zweijährig
Digitalis purpurea Fingerhut	H. 150 cm	gut durchlässiger Boden, Sonne oder Halbschatten	lange Ähren, dicht besetzt mit vielen hängenden, glockenförmigen leuchtend rosa Blüten, mit im Sommer getigerten Innenseiten. Ovale weiche, graugrüne Blätter	zweijährig. D.p. var. alba hat reinweiße Blüten. H. 120 cm. D.p. ›Apricot‹ hat aprikosenfarbige Blüten
Impatiens ›Futura Wild Rose‹	H. 20-30 cm	gut durchlässiger Boden, Sonne oder Halbschatten	kleine irisierende Kirschblüten während des ganzen Sommers. Kleine ovale Blätter	bedingt winterhart; schnell wachsend. I. ›Futura White‹ hat einzelne weiße Blüten. I. ›Super Elfin White‹ hat leuchtend weiße Blüten
Impomoea ›Heavenly Blue‹ Prunkwinde	H. 180 cm	gut durchlässiger Boden in sonniger Lage	große himmelblaue Blüten im Sommer. Schlanke spitze, efeuartige grüne Blätter	bedingt winterharte Kletterpflanzen
I. purpurea	H. 250 cm	gut durchlässiger Boden, Sonne oder Halbschatten	Blüten in weißen, rosa, blauen und mauvefarbenen Schattierungen im Sommer. Dreieckige grüne Blätter	schnell wachsend
Lathyrus odoratus ›Aerospace‹ Duftwicke	H. 150-180 cm	gut durchlässiger Boden in sonniger Lage	duftende große, weiße Blüten im Sommer. Ovale hellgrüne Blätter	schnell wachsende Kletterpflanze L.o. ›Marietta‹ hat rosa-mauvefarbene Blüten
Lavatera trimestris ›Loveliness‹ Sommerpappel/ Bechermalve	H. 90-120 cm	wie oben	große trompetenförmige, rosarote Blüten im Sommer. Weiche hellgrüne Blätter an einem mehrtriebigen Busch	L.t. ›Mont Blanc‹ hat auffallende offene Schalen mit stark geäderten, weißen Blütenblättern und große Blätter
Lobelia ›Blue Basket‹ Lobelie	H. 10-15 cm	gut durchlässiger Boden, Sonne oder Halbschatten	violett-blaue Blüten mit weißem Auge, den ganzen Sommer über. Kleine schmale, lanzenförmige gezähnte grüne Blätter	bedingt winterhart
Lunaria annua var. alba Silberpfennig	H. 75 cm	gut durchlässiger Boden, Sonne oder Halbschatten	weiße Blütenbüschel im Spätsommer. Kleine spitze, ovale Blätter	zweijährig; silberne pfenniggroße Samenstände L.a. ›Munstead Purple‹ hat samtig purpurne Blüten
Lupinus argenteus Lupine/Wolfsbohne	H. 60 cm	gut durchlässiger Boden, Sonne oder Halbschatten	locker besetzte, hellila bis dunkellila Blütentrauben im Sommer. Silbergraue Blätter, kleine Büsche bildend	zweijährig
Malcomia maritima Virginialevkoje	H. 20 cm	gut durchlässiger Boden in sonniger Lage	kleine duftende Blüten in allen Farbschattierungen von Rosa, Violett, Rot bis Blau und Weiß, den ganzen Sommer über. Kleine schmale, grüne Blätter	
Matthiola bicornis Abendlevkoje	H. 30 cm	wie oben	duftende einzelne, lila Blüten im Sommer. Lange dünne, mittelgrüne Blätter	wie oben
Myosotis alpestris Vergißmeinnicht	H. 30 cm	gut durchlässiger Boden, Sonne oder Halbschatten	kleine sattblaue Blüten im Frühsommer. Kleine lanzenförmige, grüne Blätter in dichten Hügeln	wie oben
Nemesia ›Blue Gem‹ Nemesie	H. 30 cm	gut durchlässiger Boden in sonniger Lage	reinblaue Blüten im Sommer. Kleine graue Blätter in Hügeln	bedingt winterhart

155

NAME	GRÖSSE UND FORM	BODEN UND LAGE	BLÜTEN/LAUB	SONSTIGE ANGABEN
Nemophila menziesii Hainblume/ Hainfreund/ Hainschönchen	H. 15-30 cm	trockener, gut durchlässiger Boden, Sonne oder Halbschatten	himmelblaue Blüten, 3 cm lang, im Frühsommer. Weiche, fein eingeschnittene, grüne Blätter, kriechend	
Nicotiana alata Tabak/Ziertabak	H. 90 cm	gut durchlässiger Boden in sonniger Lage	große duftende, trompetenförmige weiße Blüten, den ganzen Sommer über. Lange eiförmige, hellgrüne Blätter in lockeren Büscheln	
Nigella damascena ›Miss Jekyll‹ Jungfer im Grünen	H. 45 cm	gut durchlässiger Boden in sonniger Lage	halbgefüllte kornblumenblaue Blüten im Sommer. Zartes, fein eingeschnittenes, grünes Laub in federartigen Tuffs	
Papaver ›Fairy Wings‹ Mohn	H. 25-40 cm	wie oben	einzelne Blütenköpfe in gemischten Pastellschattierungen in Rosa, Weiß und Graublau im Sommer. Kleine pelzige, hellgrüne Blätter in dicken Tuffs	sät sich häufig selbst aus
P. rhoeas Klatschmohn	H. 60 cm	wie oben	einzelne schalenförmige, scharlachrote Blüten mit goldenen Staubgefäßen den ganzen Sommer über. Mittelgrüne Blätter in lockeren Tuffs	
Petunia ›Snowcloud‹ Petunie	H. 25-30 cm	gut durchlässiger Boden, Sonne oder Halbschatten	reinweiße Blüten mit weichen Blütenblättern den ganzen Sommer über. Kleine ovale, grüne Blätter in lockeren Büscheln	bedingt winterhart
Salvia farinacea ›White Porcelain‹ Mehlige Salbei	H. 40 cm	gut durchlässiger Boden in sonniger Lage	viele kleine, silberweiße Blütchen an aufrechten Stielen den ganzen Sommer über. Eingeschnittene silbergraue Blätter	bedingt winterhart; S.f. ›Victoria‹ hat prächtige violett-blaue Blüten. H. 45 cm
Senecio maritima ›Silver Dust‹ Kreuzkraut	H. 20 cm	gut durchlässiger Boden in sonniger Lage	reizvolles farnartiges, silberweißes Laub in kleinen niedrigen Büschen	bedingt winterhart; wertvoll wegen seines Laubs
Tropaeolum majus var. flore pleno ›Orange Gleam‹ Große Kapuzinerkresse	H. 30 cm	gut durchlässiger Boden, Sonne oder Halbschatten	duftende dunkelorange- bis mahagonyfarbene Blüten, den ganzen Sommer über. Runde grüne Blätter, locker hügelig wachsend	schnell wachsend
Viola tricolor ›Baby Lucia‹ Stiefmütterchen	H. 15 cm	wie oben	kleine dunkel lavendelblaue Blüten im Sommer. Kleine halb gesägte, grüne Blätter in lockeren Hügelchen	

Zwiebel- und Knollengewächse

Allium cernuum Lauch	H. 30-35 cm	gut durchlässiger Boden in sonniger Lage	hängende Dolden aus vielen amethyst- bis lilarosafarbenen Blüten. Riemenartige grüne Blätter	schöne Samenstände; blüht erst im zweiten Jahr
A. murrayanum	H. 30 cm	wie oben	10 cm große kräftige rosafarbene, vielstielige Dolden im Sommer. Riemenförmige grüne Blätter	blüht erst im zweiten Jahr
A. pulchellum	H. 40-45 cm	wie oben	leuchtend rosarote oder rot-purpurfarben Blütendolden im Frühsommer. Riemenförmige grüne Blätter	wie oben

NAME	GRÖSSE UND FORM	BODEN UND LAGE	BLÜTEN/LAUB	SONSTIGE ANGABEN
A. ursinum Bärenlauch	H. 30 cm	gut durchlässiger Boden im Halbschatten	viele weiße Blütchen an einzelnen Stielen im späten Frühjahr. Riemenförmiges grünes Laub	zumeist winterhart
Anemone nemorosa Buschwindröschen	H. 15-25 cm	gut durchlässiger Boden, Sonne oder Halbschatten	normalerweise weiße Blüten im Frühsommer. Mittelgrüne Blätter	giftig
Crocosmia masonorum Montbrietie	H. 60 cm	gut durchlässiger Boden in sonniger Lage	viele sternförmige, orange- bis flammenfarbene Blütchen an einzelnen gebogenen Stielen im Sommer. Aufrechtes schwertförmiges Laub	
Crocos chrysanthus ›Snow Bunting‹ Krokus	H. 15 cm	gut durchlässiger Boden, Sonne oder Halbschatten	weiße Blüten, leicht indigofarben geflammt, mit gelber Basis und dunkelorangefarbenen Punkten im Frühjahr. Aufrechte schmale, grüne Blätter	
Cyclamen coum Alpenveilchen	H. 10-15 cm	gut durchlässiger Boden, Schatten oder Halbschatten	dunkelkarmesin- oder magentarote Blüten in der Wintermitte bis zum Frühjahr. Flache runde, dunkelgrüne Blätter, manchmal mit roten Unterseiten	
C. neapolitanum	H. 10 cm	gut durchlässiger Boden im Halbschatten	kleine rote Blüten, die zwischen den Blättern hervorkommen, im Spätsommer bis zum Herbst. Flache dunkelgrüne Blätter in kleinen Haufen	*C.n.* var. *album* hat zierliche weiße Blüten
C. persicum ›Dwarf Fragrance‹	H. 20 cm	gut durchlässiger Boden, Schatten oder Halbschatten	duftende 4 cm große helllila-rosa, rosa und weiße Blüten mit rotem Auge im Herbst und Winter. Graugrüne Blätter	
C. repandum	H. 15 cm	gut durchlässiger Boden im Halbschatten	duftende karmesinrote bis sanft rosa Blüten im Frühjahr. Marmorierte Blätter, in Hügeln wachsend	zumeist winterhart
Eremurus x *shelford* Steppenkerze	H. 75-120 cm	gut durchlässiger Boden in sonnige Lage	weiße, gelbe und orangegelbe Blüten im späten Frühjahr bis zum Frühsommer. Binsenartige grüne Blätter	
Erythronium denscanis Hundszahn	H. 15 cm	feuchter, gut durchlässiger Boden im Halbschatten	kleine duftende, lila kräftig bis sanftrosa Blüten im Frühling. Kleine grüne Blätter	
Fritillaria meleagris Schachbrettblume	H. 25-40 cm	feuchter, gut durchlässiger Boden, Sonne oder Halbschatten	schöne nickende, glockenförmige purpurn und weiß gescheckte Blüten in der Frühlingsmitte. Binsenartige grüne Blätter	wie oben
Galanthus nivalis Schneeglöckchen	H. 15-30 cm	gut durchlässiger Boden, Sonne oder Halbschatten	hängende glockenförmige, einzelne weiße Blüten im Spätwinter bis zum frühen Frühjahr. Schmale grüne Blätter in Büscheln	breitet sich schnell aus
Iris chrysographes Iris/Schwertlilie	H. 45-60 cm	gut durchlässiger Boden in sonniger Lage	dunkel kastanienfarbene bis schwarze Blüten im Frühsommer. Aufrechtes schilfartiges Laub	
I. danfordiae	H. 15 cm	gut durchlässiger Boden, Sonne oder Halbschatten	zitronengelbe Blüten im frühen Frühjahr. Hellgrüne vierkantige Blätter, zur Blütezeit kurz, später 30 cm lang	
I. reticulata	H. 15 cm	feuchter, gut durchlässiger Boden im Schatten	satt violettblaue Blüten mit orangefarbenem Mittelstreifen in der Mitte des Winters. Vierkantige Blätter, die Blüten überragend	
Lilium auratum ›Lavender Princess‹ Goldbandlilie	H. 120-150 cm	gut durchlässiger Boden, Sonne oder Halbschatten	duftende cremeweiße Blüten, 20 cm im Durchmesser, lavendelfarben gefleckt, im Sommer. Viele Blüten an einem Stiel, der auch kurze dünne, grüne Blätter trägt	

NAME	GRÖSSE UND FORM	BODEN UND LAGE	BLÜTEN/LAUB	SONSTIGE ANGABEN
Lilium candidum Madonnenlilie	H. 90-150 cm	gut durchlässiger Boden, Sonne oder Halbschatten	strahlend weiße, duftende Blüten an einzelnen aufrechten Stielen, weiter unten mit kleinen Blättern besetzt. Im Sommer blühend	bedingt winterhart
L. longiflorum ›White Queen‹ Osterlilie	H. 90 cm	wie oben	duftende reinweiße Blüten, 13-18 cm im Durchmesser, im Sommer. Viele Blüten an einem Stiel, der auch kurze dünne, grüne Blätter trägt	blüht erst nach achtzehn Monaten
L. regale Königslilie	H. 90-180 cm	wie oben	duftende reinweiße Blüten mit gelbem Schlund und an den Außenrippen rosapurpurn überlaufen. Blüht im Sommer. An einem Stiel, viele Blüten und grüne Blätter	zumeist winterhart
L. speciosum var. *rubrum* Prachtlilie	H. 90 cm	wie oben	kräftig zurückgebogene, weiße Blüten mit karmesinroten Flecken und vorspringenden Staubfäden im Spätsommer bis zum Frühherbst. Viele Blüten an einem Stiel, der auch dünne grüne Blätter trägt	zumeist winterhart
Narcissus ›Canaliculatus‹ Narzisse	H. 15 cm	wie oben	zitronengelbe Blütenschalen, umgeben von duftenden weißen Blütenblättern in der Frühlingsmitte. Riemenförmige grüne Blätter	
N. ›Dove Wings‹	H. 35 cm	wie oben	lange hängende, gelbe schalenförmige Blüten, von weißen Blütenblättern umgeben, an einzelnen Blütenstielen, in der Frühlingsmitte. Schmale grüne Blätter	
N. ›Geranium‹	H. 40 cm	wie oben	kurze leuchtend scharlachrot-orangefarbene Blütenschalen, umgeben von reinweißen Blütenblättern. Mehrere Blüten an einem Stiel	
N. jonquilla ›Jonquille‹	H. 30 cm	wie oben	stark duftende, einzelne dunkelgelbe Blüten mit kleinen Schalen in der Mitte bis zum späten Frühling. Mehrere Blüten an einem Stiel. Riemenförmige grüne Blätter	*N.j.* var. *flore pleno* hat gefüllte Blüten
N. poeticus var. *recurvus*	H. 45 cm	wie oben	kleine gelbe Blütenschalen mit roten Rändern, umgeben von zurückgebogenen schneeweißen Blütenblättern, im späten Frühling. Riemenförmige grüne Blätter	
N. ›Trevithian‹	H. 35 cm	wie oben	stark duftende, zitronengelbe Blüten mit kleinen Schalen, früher bis mittlerer Frühling. Mehrere Blüten am Stiel. Riemenförmige grüne Blätter	
N. triandrus ›April Tears‹ Engelstrauernarzisse	H. 20 cm	wie oben	kleine hängende Blütenschalen mit zurückgebogenen gelben Blütenblättern in der Frühlingsmitte bis zum späten Frühjahr. Mehrere Blüten an einem Stiel. Riemenförmige grüne Blätter	
Nerine ›Bowdenii Pink‹	H. 45 cm	gut durchlässiger Boden in sonniger Lage	silbrig rosa Blütendolden mit zarten Blütenblättern an einem Stiel in der Herbstmitte. Schmale lange, grüne Blätter	
Scilla sibirica Blausternchen	H. 10-15 cm	wie oben	einzelne glockenförmige, preußischblaue Blüten von Beginn bis zur Mitte des Frühlings. Fleischige schmale, grüne Blätter	bedeckt große Flächen
Tulipa praestans var. *fusilier* Tulpe	H. 20 cm	gut durchlässiger Boden, Sonne oder Halbschatten	mittelgroße bis große orange-scharlachrote Blüten mit breiten Blütenblättern; oft zwei oder mehr Blüten an einem Stiel; in der Frühlingsmitte. Lange ovale, fleischige grüne Blätter	
T. sylvestris Weinbergtulpe	H. 40 cm	wie oben	nickende Knospen, die sich in der Frühlingsmitte zu reingelben Blüten öffnen. Eine einzige Blüte an einem Stiel. Lange ovale, fleischige grüne Blätter	

Wasser und Uferpflanzen

NAME	GRÖSSE UND FORM	BODEN UND LAGE	BLÜTEN/LAUB	SONSTIGE ANGABEN
Acorus gramineus ›Variegatus‹ Zwerg- oder Graskalmus	H. 30 cm	nasser Boden in sonniger Lage	grasartiges, grün-gelb panaschiertes Laub	
Aponogeton distachyus Afrikanische Wasserähre	H. 30 cm	Wasser in sonniger Lage	duftende gegabelte Blüten den ganzen Sommer über. Schwimmende riemenartige, grüne Blätter	
Caltha palustris Sumpfdotterblume	H. 40 cm	nasser Boden, Sonne oder Halbschatten	goldgelbe Blüten im frühen Frühjahr bis zum Sommer. Grasartige Blätter in Tuffs	
Gunnera manicata	H. 3 m	nasser Boden in schattiger Lage	rostbraune Blütenähren, bis zu 1,80 m lang, den ganzen Sommer über. Große eingeschnittene, grüne Blätter	
Iris laevigata Iris/Schwertlilie	H. 45 cm	feuchter, gut durchlässiger Boden, Sonne oder Halbschatten	sattblaue Blüten vom Sommer bis zum Frühherbst. Aufrechte speerförmige, grüne Blätter	gedeiht auch gut im Wasser
Lysichiton americanus Gelbe Scheinkalla	H. 120 cm	nasser Boden in halbschattiger Lage	unangenehm riechende, gelbe Blüten im frühen Frühling. Große dunkelgrüne Blätter	
Matteuccia struthiopteris Straußfarn/ Trichterfarn	H. 45-60 cm	feuchter, gut durchlässiger, saurer Boden, Schatten oder Halbschatten	gefiederte Wedel, bis zum Stielgrund verlaufend; eine Krone in Form eines Federballs bildend	
Nymphaea candida ›Wenzelii‹ Seerose	H. 10 cm	Wasser in sonniger oder halbschattiger Lage	kleine kompakte, sternförmige weiße Blüten mit leuchtend gelben Staubgefäßen im Sommer. Schwimmende runde, dunkelgrüne Blätter	
N. ›Firecrest‹	H. 15 cm	wie oben	duftende dunkelrosa Blüten mit orange-roten Staubfäden im Sommer. Schwimmende runde, mittelgrüne Blätter	im Wasser 15 bis 45 cm tief pflanzen
N. ›Marliacea‹ chromatella	H. 15 cm	wie oben	zarte glitzernde, schalenförmige gelbe Blüten im Sommer. Schwimmende runde, dunkelgrüne Blätter, rötlich-braun gesprenkelt	im Wasser 15-60 cm tief pflanzen
N. odorata ›Alba‹ Wohlriechende Seerose	H. 15 cm	wie oben	gut duftende, schalenförmige reinweiße Blüten im Sommer. Schwimmende runde, leuchtend apfelgrüne Blätter	im Wasser 15-60 cm tief pflanzen
N. pygmaea var. alba	H. 5 cm	flaches Wasser, bis zu 15 cm tief, in sonniger Lage	winzige weiße Blüten, 3 cm im Durchmesser, mit durchscheinenden Blütenblättern und goldener Mitte im Sommer. Schwimmende runde, dunkelgrüne Blätter	langsam wachsend
N.p. ›Helvola‹	H. 5 cm	wie oben	winzige zartgelbe Blüten im Sommer. Schwimmende runde, dunkelgrüne Blätter mit kräftig braunen Flecken	wie oben
Osmunda regalis Königsfarn	H. 120-150 cm	nasser Boden, Schatten oder Halbschatten	blaßgrüne Wedel, die sich im Herbst rotbraun färben	die jungen Wedel sind eßbar
Rheum palmatum var. rubrum	H. 180-250 cm	feuchter Boden in halbschattiger Lage	schlanke Rispen aus cremeweißen, rosa oder karmesinroten Blüten im Sommer. Große, rotbraune Blätter	

Pflanzenregister

Sachregister

Quellennachweis

Die Verleger möchten den folgenden Personen für ihre Hilfe bei der Herstellung dieses Buchs danken: Patricia Shears, Joanna Chisholm, Jonathan Hilton, Susan Conder für Mitarbeit bei der Redaktion und fachliche Beratung.
Claudine Meissner und Anne Fisher für Mitarbeit an der Ausstattung.
Paul Meyer für Rat in gartentechnischen Fragen.
Dank geht auch an die folgenden Personen und Einrichtungen für Vorlagen zu den Illustrationen: Gary St John Newnes in Artech, Unit 15, Burmarsh Workshops, Marsden Street, London, Bonham Bazeley in den Highfield Nurseries, Whiteminster, und an das Science Department der Holloway School, London

GARTENDESIGNER
Mrs Barclay 118
Mrs Beaumont 17
Mr & Mrs van Bennekom-Scheffer 105
Mr & Mrs Canneman-Philipse 58–63
John Codrington 32–39
RJ Dykes III 28–31
Hillier und Hilton 71
Roger & John Last 51, 96–107
Arabella Lennox-Boyd 64–67
Mr & Mrs Levitan 130–133
Rosemary Verey 85, 89, 90 und Vorderseite des Umschlags
Mr & Mrs Voorwijk 92

FOTOGRAFEN
Heather Angel 104, 123
Peter Baistow 84, 91
Michael Boys Syndication 52
Geoff Dann 13, 42, 114, all © FLL
Henk Dijkman 127
Ken Druse 24, 54
Inge Espen-Hansen 108, 112, 129 u.
Derek Fell 11, 74, 86, 111, 128, 130, 131, 132
Robin Fletcher/Natural Image 126 u.
Bob Gibbons/Natural Image 46, 109, 129 u.
Liz Gibbons/Natural Image 93
John Glover 122

Jerry Harpur 34, 51, 71, 85, 100
Marijke Heuff (Amsterdam) 19, 47, 62, 75, 92, 105, 106, 107
Jacqui Hurst 17 © FLL, 43 l., 110, 113 u., 117, 118 © FLL, 120 l.u.r.
Andrew Lawson 90
Arabella Lennox-Boyd 66
Georges Lévêque 1, 9, 58, 59, 60, 61, 69, 70, 81, Vorder- und Rückseite des Umschlags
Polly Lyster 18
Tania Midgley 64, 65, 121, 126 o.
Carole Ottesen 28, 29, 30
Hugh Palmer 22, 32, 33, 103, 124
Philippe Perdereau 12, 21, 23, 43 r., 50, 115, 116, 125
Clay Perry 2, 37 (Weidenfeld & Nicolson Ltd), 96, 98, 99
Gary Rogers 113 o.
David Russell 82
Ianthe Ruthven 97
Scala/Firenze 10
Elizabeth Whiting & Assoc/Gary Chowanetz 83
George Wright 15

Die bewährten Garten-Ratgeber von Mosaik

ISBN 3-576-10506-9

ISBN 3-576-10492-5

ISBN 3-576-10494-1

ISBN 3-576-10491-7

ISBN 3-576-10495-X

ISBN 3-576-10493-3

Jeder Band 144–168 Seiten mit circa 200–250 Farbfotos und Illustrationen

ISBN 3-576-10590-5

ISBN 3-576-10591-3

Von erfahrenen Praktikern geschrieben, zeigt sich ihre Qualität in den präzisen Anleitungen ebenso wie in den brillanten und doch einfühlsamen Illustrationen. Lieblingsbücher für Gartenfreunde, die mehr aus ihrem eigenen Stück Natur machen wollen.

ISBN 3-576-10593-X

Mosaik
Bücher fürs Leben

Erhältlich überall dort, wo es Bücher gibt.